洪涛 等著

ZHONGGUO

SHENGHUO

FUWUYE FAZHAN BAOGAO

中国生活服务业发展报告
2011

经济管理出版社

ECONOMY & MANAGEMENT PUBLISHING HOUSE

图书在版编目（CIP）数据

中国生活服务业发展报告（2011）/ 洪涛等著. —北京：经济管理出版社，2011.8

ISBN 978-7-5096-1578-2

Ⅰ.①中… Ⅱ.①洪… Ⅲ.①服务业—经济发展—研究报告—中国—2011 Ⅳ.①F719

中国版本图书馆 CIP 数据核字（2011）第 167585 号

出版发行：**经济管理出版社**

北京市海淀区北蜂窝 8 号中雅大厦 11 层

电话:(010)51915602　　　　邮编:100038

印刷:北京银祥印刷厂　　　　　　　　经销:新华书店

组稿编辑:张永美　　　　　　责任编辑:张永美　郭　华

责任印制:杨国强　　　　　　责任校对:超　凡

720mm×1000mm/16　　　　　　17 印张　　　229 千字

2011 年 10 月第 1 版　　　　　2011 年 10 月第 1 次印刷

定价：88.00 元

书号：ISBN 978-7-5096-1578-2

编辑委员会

前　言

　　生活服务业是国民经济的重要产业，是城乡居民消费升级的重要载体，是解决就业与再就业的重要渠道，也是提高城乡居民收入的重要产业。该产业具有以下特点：涉及面广，如餐饮业（含早点业）、住宿业、美容美发美体业、沐浴沐足业、家政业、再生资源回收业、洗涤业、照相扩印业、修理业9大行业；就业量大，如这9大行业解决就业12240万人，如果包括快递业、健身业、洗车业等，涉及的就业就更多；与每个家庭、每个人都相互关联，是人们日常生活所不能缺少的行业，关系到民生经济的各个层面，如衣食住行以及精神生活等方面。笔者在商务部"完善生活服务业体系研究"课题的基础上，形成了《中国生活服务业发展报告（2011）》。

　　该报告认为，生活服务业是指利用一定设备、工具，为消费者提供一定服务性劳动或少量实物商品的企业和单位的总称，是社区商业的重要内容。具体包括两类：一是通过营业设备或劳动技术为消费者提供服务，如旅馆、洗浴、理发、美容、家政等服务；二是主要利用一些原材料，通过技术加工、制作、修理为消费者服务，如照相、洗染（干洗、烫）、织补、修理等。

　　该报告对生活服务业体系进行了认真的研究，即"9 + 6 + 5"体系。横向的9大体系：餐饮业（含早点业）、住宿业、美容美发美体、沐浴沐足、家政服务、再生资源回收业、洗染业、照相业、维修服务；纵向的 6 大体系：生活服务业组织、生活服务业渠道、生活服务业市场、生活服务业管理组织、生活服务业法律、生活服务业宏观调控体系；保障支撑的 5 大体系：财政体系、税收体系、融资体系、物流配送体系、信息预警体系。

生活服务业是我国流通产业的重要组成部分，对国民经济和民生经济具有重要意义，具体表现为以下几个方面：

一、解决和吸纳大量就业人口的重要渠道

表 1　生活服务业就业简表

项　目	就业人数（万人）	项　目	就业人数（万人）
餐饮业（含早点业）	2200	再生资源回收业	1800
住宿业	700	洗染业	400
美容美发美体业	2000	照相扩印业	600
沐浴沐足业	1840	修理业（家电修理服务）	300
家政业	2400	合　计	12240

据不完全统计，生活服务业 9 大行业解决就业 12240 万人，对我国就业发挥了重要的作用。

二、便利城乡居民生活，提高生活质量

2011 年北京市出台了首部《社区商业规范》（以下简称新《规范》），北京市商务委员会对社区商业在细节上做出明确规定，如社区菜市场的经营面积不小于 150 平方米、小发廊每店至少应有两名具备技师以上职业资格人员等。新《规范》是在商务部颁布的《社区商业全国示范社区评价规范》基础上，针对社区内再生资源回收站点、小发廊、小便民浴池、小洗染店、小餐饮店、小百货店和小食杂店 7 种业态，从企业资质、经营场地、从业人员、场地使用属性 4 个方面制定、调整、提升、规范的。

三、促进我国经济结构调整

改革开放以来，我国三大产业结构调整得到了较快的发展，如1995年我国第一、二、三产业的比例分别是19.69%、48.97%和31.34%，到2010年我国三大产业的比例分别是10.1%、46.8%和43.1%，第三产业比例2010年比1995年增加了11.76个百分点。[①]2010年北京市第三产业的比例达到74.98%。

四、促进我国低碳经济的发展

（1）发展生活服务业，有利于促进低碳消费模式，加强生态责任意识。目前，我国正处于快速城市化时期，城市化给民众的居住、就业、生活、消费等方式都带来了深刻变化，不仅涉及社会经济问题，还涉及资源和环境问题。生活服务业中的再生资源回收被称为"城市矿山"，是我国低碳经济的重要组成部分。

（2）发展生活服务业，有利于减少食品行业的再加工，引导居民养成直接消费天然绿色食品的行为模式，提高居民膳食质量，改善营养结构，降低食品行业的能源消耗和碳排放量。消费者是低碳经济的最大受益者，消费者应该用手中的货币作为选票义无反顾地支持加入低碳经济体系的企业。

（3）发展生活服务业，积极普及低碳产品。这不仅要依靠企业的努力，而且也有赖于消费者的高度社会责任感和正确的生活态度。它不仅关系到我国的环境改善，还会对社会基础设施、能源价格、环境技术政策、地区产业振兴政策等方面产生积极影响。

[①] 2011年9日，国家统计局公布2010年年度国内生产总值（GDP）初步核实的数据。

前言

3

五、生活服务业引领了新的消费方式

发展生活服务业也是新消费在新的历史条件下的表现，引领了新的消费理念、新的生活方式、新的消费业态、新的消费组织等。如汽车美容、人的美容美体等，都将提高人的生活质量和品位，但是，长期以来，人们的消费观念严重制约了新的生活服务业的发展。

在我国，研究服务业的成果较多，但是研究生活服务业的专著、论文、研究报告则相对较少，而专门就这9大行业进行研究的更少，该课题研究报告对推进我国生活服务业的发展将产生较大的经济影响。希望该研究报告能够对我国生活服务业体系的建设起到较大的推动作用。

洪　涛

2011 年 3 月 18 日

目 录

总报告 ……………………………………………………… 1

    第一节 我国生活服务业现状 …………………………… 3

    第二节 我国生活服务业取得的成就 …………………… 14

    第三节 我国生活服务业存在的缺陷与不足 …………… 17

    第四节 我国生活服务业发展的对策与思路 …………… 19

第一章 餐饮与早点业 ……………………………………… 23

    第一节 改革开放以来我国餐饮业得到较快的发展 …… 23

    第二节 我国餐饮业（含早点业）存在的问题 ………… 33

    第三节 未来我国餐饮业（含早点业）发展趋势 ……… 42

    第四节 我国餐饮业发展对策 …………………………… 49

    第五节 加快餐饮业结构性调整 ………………………… 57

第二章 我国住宿业体系 …………………………………… 63

    第一节 住宿业及其发展 ………………………………… 63

    第二节 住宿业现状与成绩 ……………………………… 66

    第三节 我国住宿业存在的问题与困难 ………………… 74

    第四节 完善我国住宿业发展的政策建议 ……………… 77

第三章 我国美容美发业体系 ……………………………… 83

    第一节 美容美发业概况 ………………………………… 83

第二节　我国美容美发服务业现状概述 …………… 85
第三节　我国美容美发服务业存在的问题 …………… 93
第四节　美容美发业健康发展的对策 ………………… 96

第四章　沐浴、沐足业体系 ………………………… 101
第一节　改革开放以来我国沐浴、沐足业现状 ……… 101
第二节　沐浴业发展主要因素 ………………………… 106
第三节　我国沐浴、沐足业发展存在的问题 ………… 108
第四节　国际沐浴业发展借鉴 ………………………… 111
第五节　我国洗浴业发展趋势 ………………………… 113
第六节　对策与建议 …………………………………… 117

第五章　家政服务业 ………………………………… 121
第一节　完善家政服务业的重要意义 ………………… 121
第二节　家政服务业的现状及成就 …………………… 126
第三节　我国家政服务业存在的问题及原因 ………… 130
第四节　完善我国家政服务业的对策建议 …………… 137
第五节　家政服务体系未来发展模式 ………………… 144

第六章　再生资源回收利用体系 ………………… 153
第一节　国家再生资源回收利用体系的发展格局 …… 153
第二节　再生资源回收利用体系建设中的
　　　　困难与问题 …………………………………… 164
第三节　建设完善再生资源回收利用体系的
　　　　对策措施 ……………………………………… 167

第七章　洗染业体系 ………………………………… 173
第一节　我国洗染业现状 ……………………………… 173
第二节　我国洗染业取得的成绩 ……………………… 176

第三节　典型成功案例 ………………………… 180

第四节　我国洗染业存在的问题 ………………… 183

第五节　措施建议 ……………………………… 186

第八章　照相业体系 …………………………… 189

第一节　改革开放以来我国照相业现状 ………… 189

第二节　我国照相业存在的问题 ………………… 193

第三节　我国照相业发展的趋势与对策 ………… 196

第九章　修理业体系 …………………………… 199

第一节　修理业的概念 ………………………… 199

第二节　新中国成立以来修理业的发展 ………… 200

第三节　改革开放以来我国修理业的发展现状 … 202

第四节　家电服务业 …………………………… 202

第五节　汽车修理业 …………………………… 211

第六节　"移动化"售后服务维修 ……………… 216

第七节　我国修理业存在的问题 ………………… 221

第八节　美国修理业借鉴 ……………………… 223

第九节　我国修理业发展的趋势 ………………… 229

附件 1 …………………………………………… 231

附件 2 …………………………………………… 241

附件 3 …………………………………………… 245

参考文献 ………………………………………… 253

后　记 …………………………………………… 259

总 报 告

我国经济社会经历了农业社会、工业社会、信息化社会，正在进入服务经济社会（见图总–1）。其中生活服务业是服务业中的重要组成部分，与民生消费紧密结合在一起。生活服务业是指利用一定设备、工具为消费者提供一定服务性劳动或少量实物商品的企业和单位的总称，是社区商业的重要内容。具体包括两类：一是通过营业设备或劳动技术为消费者提供服务，如旅馆、洗浴、理发、美容、家政等服务；二是主要利用一些原材料，通过技术加工、制作、修理为消费者服务，如照相、洗染（干洗烫）、织补、修理等。

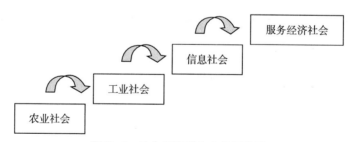

图总–1 社会经济形态变化四阶段

我国生活服务业包括的范围较广泛，涉及餐饮（含早点）、住宿、美容美发美体、沐浴沐足、家政服务、再生资源回收、洗染、照相、维修服务等多个方面（见图总 –2），而且市场化程度较高，主要是靠市场自然发育起来的，并非政府手段而为之。

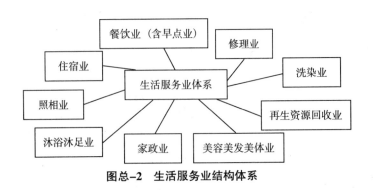

图总-2 生活服务业结构体系

生活服务业体系，从横向来说，是指餐饮（含早点）业、住宿业、美容美发美体业、沐浴沐足业、家政服务业、再生资源回收业、洗染业、照相业、维修服务业、快递业等多个服务业结构体系的总称；从纵向来说，包括生活服务组织、生活服务渠道、生活服务市场、生活服务管理组织、生活服务法律、生活服务宏观调控体系等；从保障而言，是指生活服务业保障支撑体系，如财政体系、税收体系、融资体系、物流配送体系、信息预警体系等（见图总-3）。

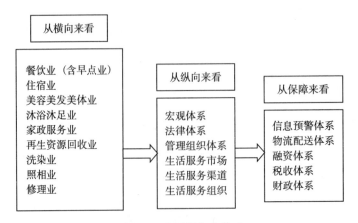

图总-3 生活服务业体系

第一节 我国生活服务业现状

长期以来，我国重生产、轻消费，重实物商品贸易、轻生活服务业，从而导致我国生活服务业落后。而随着我国经济的发展，人们生活水平的提高，人们不仅仅需要实物商品，也需要各种各样的服务商品来满足人们的消费需要。特别是生活服务业的发展空间较大，许多生活服务业如雨后春笋般涌现，一方面需要规范，另一方面又要扶持其发展。

我国生活服务业所包括的面较广泛，涉及餐饮（含早点）业、住宿业、美容美发美体业、沐浴沐足业、家政服务业、再生资源回收业、洗染业、照相业、维修服务业等多个方面（见图总-4）。而且市场化程度较高，主要是靠市场发育起来的，并非政府手段而为之。因此，对生活服务业研究重点要集中在上述 9 个方面，至于零售、小额金融、快递等生活服务业在本课题研究报告中暂不论述。

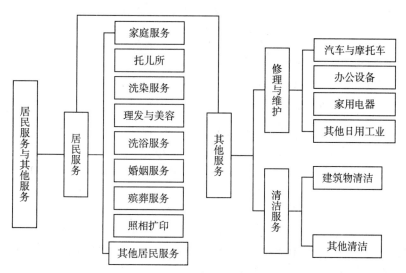

图总-4 居民服务与其他服务结构

一、餐饮业与早点业

餐饮业作为我国第三产业中一个传统服务性行业，经历了改革开放起步、数量型扩张、规模连锁发展和品牌提升战略4个阶段，取得突飞猛进的发展。在改革开放前夕的1978年，全国饮食业的经营网点不足12万个，员工104.4万人，零售额54.8亿元。当时，餐饮行业通过贯彻全民、集体、个体一起上的指导方针，多种经济成分竞相发展，呈现出改革开放以来的新面貌。目前，全国已有餐饮网点480万个，解决就业2200多万人。从1978年到2008年，年平均增长率高达20.53%，2010年我国餐饮业零售额为1.7648万亿元，其中旅游餐饮业达到2000亿元。自1991年以来，我国餐饮业连续20年以超过15%以上的速度增长。

到2010年，我国餐饮业已经初步实现发展的总体目标——建立与我国经济发展相适应的餐饮市场体系；形成高、中、低档多种经营模式，各种餐饮形式俱全的供给体系；不断提高科技含量，构建现代企业管理体系；以政府扶持、协会推进、分类指导为原则，完善以市场为导向的政府宏观调控体系；重视人才培养和培训，充实"以人为本"的人才培育机制。

全国连锁早餐企业有2000家左右，2008年全国连锁早餐企业总体经营规模为301.1亿元，日均销售额平均在4万元。2008年在外就餐的早餐市场规模有1673.9亿元，2009年约为1876亿元，预计未来两年早餐市场将增长14%。至2010年，全国86个早餐工程试点项目已经全部完成，配套建设标准化早餐网点达到1.8万个。

二、住宿业

改革开放30多年以来，我国住宿业得到了较快的发展，截至2008年年底，全国住宿企业从1978年的不足3万家增至28.2万家，增长了 9 倍，实现营业额近 4620 亿元，占当年社会消费品零售总额的 4.26%。据不完全统计，至今我国已有 15000 家星级饭店和超过 30 万家住宿机构。北京饭店是新中国成立后，于 1954 年建成的第一家酒店，当时主要用来招待外国知名人士、商人和记者，2010 年绿色饭店预计已达 1 万家。据统计，2004 年全国共有旅游饭店 12244 家，尽管在住宿企业中占 31.2%，但从业人数和营业额分别占住宿企业的 66.6% 和 78.3%。住宿业就业方式灵活，劳动密集特点突出，一直是吸纳就业尤其是安置城镇下岗失业人员、农村剩余劳动力等群体就业的重要领域，我国住宿业每年吸纳用工近 20 万人，目前全行业从业人数已近 700 万。

2010 年 1~9 月我国住宿餐饮业累计投资金额达 2110.98 亿元，比 2009 年同期增长 27.5%。良好的经济环境和稳定的社会政策，是住宿餐饮业投资热度不减的保障，而其中星级酒店的投资发展较快。

截至目前，我国建成或改建的五星级酒店高达 1700 多家。豪华酒店的热潮可以说席卷了全国，从一线到二、三线城市，从 CBD 到风景区，大量的五星级酒店或者是含五星级酒店的高端城市综合项目在建设，高星级酒店的热度超乎想象。

中国酒店业门户网站——迈点网公布了"2010 年 10 月全国星级酒店开业统计报告"。报告显示，2010 年 10 月，国内新开业的 3 星级以上酒店数为 17 家，以重新开业酒店的星级分布来看，数量最多的依然是按五星级标准建造的酒店，延续了几个月的上升态势，10 月新开业 14 家，占全国星级酒店开业数的 82%。

近年来，北京、上海、广州等城市豪华酒店的投资日趋过剩。2009 年上半年，北京五星级酒店仅 1 成酒店有盈利。五星级酒店大量投资的因素有两个：一是外资酒店管理公司的"圈地"，二是国内投资商（房地产商居多）的"屯财"（认为高星级酒店是良性不动产）。如此扩张，到最后失去价值的仍然是"酒店投资者"。在五星级酒店急速扩张的同时，各方利益群体应该充分考虑市场吸纳程度、社会公共利益和投入产出比重，而政府在进行行政审批时也需要综合协调多方利益，只有如此，才能够做到和谐共生、永续发展。

2010年我国住宿业基本摆脱了国际金融危机的困扰，呈现回升向好的局面。"十二五"期间我国住宿业还面临三大挑战：结构性矛盾逐步显现；整体服务质量仍需改善；成本上涨。

1. 结构性矛盾逐步显现。高端酒店客房利用率偏低，有些企业利润不足以维持运营费用；低端酒店包括小旅店、招待所等规模普遍偏小，分散经营，管理滞后。

2. 住宿业整体服务质量、管理水平仍需改善。涉及企业服务各个环节。

3. 人力成本、煤水电气、房租物业价格的上涨，给整个行业带来相当大的压力。

"十二五"期间，我国住宿业应加快结构调整，实现总体转型升级，建设现代住宿业。要积极争取政策支持，促进结构有效调整；大力创建绿色饭店，促进企业节能增效；全面创新服务手段，促进行业信息化发展；加快培育自主品牌，促进企业连锁化经营；努力完善服务质量，促进服务水平提升。

三、美容、美发、美体业

改革开放以来，特别是最近10年来，我国的美容美发业得到迅速发展，至2004年我国年产值已经达到了1680亿元。据统计数据显示，包含美容、美发、化妆品等方面在内的美容美发业从业人员有1200多万人，[①] 平均年龄为25.5岁，其中女性占从业人员总量的76.4%。我国美容美发业的投资构成90%以上为民间资本和外来资本，这个产业已经成为解决下岗和再就业的主渠道之一。

但我国美容美发业尚具有较大的发展空间。据统计，全球平均美容美发化妆品的消费是人均40美元，而我国的人均消费额仅为

---

① 目前为2000万人。

3.96 美元。虽然与全球平均消费水平相比，我国的美容美发业还有 90% 的发展空间，但这个行业的发展正受到行业规模、从业人员结构等因素的制约。

四、沐浴沐足业

改革开放以来，我国沐浴沐足业得到了迅速发展，《2009~2010年中国休闲发展报告》指出，2009 年，全国沐浴企业数保持稳定，依然为 16 万家左右。从业人员数为 1500 万人，2008 年营业收入总额为 1135 亿元，2009 年为 1200 亿元，同比增长 8.09%，实现税收 74 亿元。沐浴业从业人数占全国就业人数的 2%，沐浴业的增加值占全国 GDP 的 0.38%，沐浴业实现税收占全国税收收入的 0.13%。

2010 年 11 月，中国商业联合会沐浴专业委员会颁发"首批 SPA 挂牌企业"牌匾，近年来，随着人民群众生活水平的不断提高，中国沐浴业快速发展。SPA 作为沐浴行业的高端服务，在我国从无到有，日益呈现出广阔的发展空间和巨大的市场潜力。为加快沐浴业规范化发展，商务部于 2007 年召开了全国发展沐浴业交流大会，之后陆续颁布《沐浴业经营技术规范》、《SPA 经营技术规范》、《沐浴业术语》等行业标准，2010 年还出台了《商务部关于规范发展沐浴业的指导意见》。同时，正在起草《关于沐浴业的管理办法》，并将于 2011 年上半年出台。商务部通过对全行业的标准化管理和规范引导，优化行业结构，培育行业品牌，推进行业节能减排，进一步提高服务质量和水平，满足人民群众不同消费层次和多样化的沐浴需求。

我国沐浴行业经营业态由过去单一的大众浴室向浴场、桑拿、保健中心、大众浴室等多种业态转变；沐浴企业服务功能由过去单一的清洁功能向休闲、保健、娱乐、餐饮等多功能转变。2010 年 10 月，商务部批准《沐浴业术语》等 8 项国内贸易行业标准，为沐浴业规范发展奠定了基础。

五、家政业

（一）我国已经进入老龄化社会

自 1999 年中国步入老龄化社会以来，人口老龄化加速发展，并日益呈现老年人口基数大、增长快，高龄化、空巢化趋势，需要照料的失能、半失能老人数量剧增等态势。截至 2009 年年底，我国 60 岁及以上老年人口已达 1.67 亿，占总人口的 12.5%。2011 年 4 月公布的普查结果显示，60 岁及以上老年人占总人口的比例已上升为 13.26%。预计到 21 世纪中叶将达到 25%。

我国是目前世界上唯一老年人口过亿的国家，据第 6 次人口普查表明，老年人口规模达到 1.78 亿，是半个世纪以前老年人口数量的 3 倍，2014 年将超过 2 亿，2025 年达到 3 亿，2034 年超过 4 亿，2050 年达到 4.4 亿，届时将比发达国家老年人口总和多约 5000 万人。

（二）家政业可解决就业 2400 万

据人力资源和社会保障部提供的数据，2009 年我国家政业全年需要就业的人口超过 2400 万，其中包括“4050”下岗失业人员、农村剩余劳动力，还有历年来积累下来未就业的大学毕业生。

（三）建立可持续发展的社会养老服务体系

1. 民政部 2011 年 2 月发布的《社会养老服务体系建设“十二五”规划》（征求意见稿）指出，到 2015 年，基本建设形成制度完善、组织健全、规模适度、运营良好、服务优良、监管到位、可持续发展的社会养老服务体系。

2. 要在“十二五”期间，基本建立起与人口老龄化进程相适应、与经济社会发展水平相协调，以居家为基础、社区为依托、机构为支撑的社会养老服务体系，满足老年人多层次、多样化的养老服务需求，让老年人安享晚年生活，共享经济社会发展成果。

3. 要以社区日间照料中心和专业化养老机构为重点，通过新建、改扩建和购置，改善社会养老服务体系的基础设施条件。

（1）在居家养老层面，鼓励对有需求的老年人实施家庭无障碍设施改造，为老年人洗澡、如厕、做饭、户内活动等方面提供便利。采取政府出资、社会捐赠、个人购买服务等多种方式，解决资金"瓶颈"问题。

（2）在社区养老层面，重点建设老年人日间照料中心等设施。城市社区达到基本覆盖，农村社区达到半数以上覆盖。

（3）在机构养老层面，重点建设社会福利院、养老院、敬老院、荣军院、老年公寓等养老机构。在国家和省一级，建设若干养老示范项目。

（4）促进现代科技成果的转化和应用，依托现代技术手段，加强居家养老、社区养老服务及机构养老信息化建设，为政府采集行业信息、公众接受养老服务、行业规范化发展提供支持。

六、再生资源回收业

（一）再生资源回收

再生资源回收以物资不断循环利用的经济发展模式，目前正在成为全球潮流。可持续发展的战略，得到大家一致支持。可持续发展就是，既符合当代人类的需求，又不致损害后代人满足其需求能力的发展。我们在注意经济增长数量的同时，也要注意追求经济增长的质量。主要的标志是资源能够永续利用，保持良好的生态环境。

（二）我国有再生资源回收企业 10 万家，1800 万人

我国废旧物资回收工作始于 20 世纪 50 年代，历经半个多世纪，已经形成遍布全国各地的网络。据统计，目前我国再生资源回收企业有 10 万家，回收网点 30 万个，未登记注册或临时的回收网点有近 60 万个，回收加工处理厂 1 万多家，从业人员 1800 万人。[①]

（三）"十一五"再生资源回收发挥了作用

根据节能减排的要求，为解决再生资源回收利用问题，促进经济社会可持续发展，整合有限的资源，构造再生资源回收、分拣、转运、加工利用、集中处理为一体的产业化格局。近几年，我国的再生资源回收利用行业得到前所未有的发展。据统计，"十一五"期间我国回收利用再生资源总量为 4 亿多吨，年平均回收利用量在 8000 万吨，年平均增长率为 12%以上，主要再生资源回收利用总值超过了 6500 亿元，年平均增长率超过了 20%。2007 年回收利用再生资源 1.82 亿吨，其中废钢铁 8392 万吨，废有色金属 999.65 万吨，废纸 6021 万吨，废塑料 1488 万吨，其他如废橡胶、废棉、废麻、废化纤、碎玻璃等 1300 万吨。我国的再生资源回收行业从 1997 年才开始起步，仍处于起步阶段，还属于朝阳产业，虽然我国再生资源行业得到迅猛发展，但与我国再生资源产生量和需求量相比，与发达国家对再生资源的利用情况相比还有很大差距。我国再生资源发展还存在巨大的市场空间。

（四）2008 年再生资源回收受到影响

2008 年第三季度以来，国际金融危机迅速蔓延到实体经济，制造业的萎缩导致对原材料需求下降，国内钢铁企业、有色金属加工企业以及造纸、塑料等企业停产、减产，部分企业损失惨重，出现

---

① 资料来源：《中国生产资料流通发展报告（2009~2010 年）》，中国物资出版社 2010 年版。

破产倒闭现象，原材料价格一直呈下跌趋势。受其影响，国内再生资源市场疲软，价格暴跌达 50% 以上，80% 的回收网点歇业关门，再生资源回收量下降 70% 以上，造成环境污染和资源浪费，再生资源行业面临前所未有的危机。

（五）"十二五"再生资源回收业将得到进一步发展

为了促进再生资源的回收利用，促进再生资源回收行业的健康有序发展，节约资源，保护环境，促进税收公平和税制规范，经国务院批准，决定调整再生资源回收与利用的增值税政策，取消了"废旧物资回收经营单位销售其收购的废旧物资免征增值税"和"生产企业增值税一般纳税人购入废旧物资回收经营单位销售的废旧物资，可按废旧物资回收经营单位开具的由税务机关监制的普通票据上注明的金额，按 10% 计算抵扣进项税额"的政策。在 2008 年 12 月 31 日前，各地主管税务机关应注销企业在防伪税控系统中"废旧物资经营单位"的档案信息，收缴企业尚未开具的专用票据，重新核定企业增值税专用票据的最高开票限额和最大购票数量，做好增值税专用票据的发售工作。在 2010 年年底以前，对符合条件的增值税一般纳税人销售再生资源缴纳的增值税实行先征后退政策。可以说，这一系列的举措都将促进我国再生资源回收行业健康稳步快速地发展。

七、洗染业

经过 20 世纪 80 年代的初步发展，以及 90 年代的快速发展，洗染业蓬勃发展，进入相对成熟的发展阶段。根据 2003 年的不完全统计，全国已有洗衣企业（店）、宾馆饭店、医疗及团体单位的洗衣车间约 60 万家，从业者达到 200 万人左右，年营业额约 400 亿人民币。其中，属于国有经济形式的（包括改制中的国有企业）单位约有 16000 家，占洗染企业总数的 8% 左右，属于股份制集体经济的单位约有 24000 家，占洗染企业总数的 12% 左右，其余的是中小型洗染企业和为数不少的家庭作坊式的洗衣店，占洗染企业总数的 80% 左右；投资百万元以上的大型专业洗染公司占市场份额最多，能达到 45% 左右，中小型洗染企业和为数不少的家庭作坊式的洗衣店占据了市场份额的 35% 左右，宾馆、酒店、学校、医院等单位附设的洗衣房（车间）占市场份额的 20% 左右。

八、照相业

经过多年的发展，目前我国摄影扩印服务行业已形成一定规模，全国各类影楼、图片社、照相馆、冲印店、摄影工作室（不含器材生产、经营厂家）等企业已达 45 万多家，从业人员 600 多万人，2006 年我国人像摄影业总营业收入超过 900 亿元，比 1992 年增长 450 倍，全国有 4 家企业营业收入超过亿元。发展人像摄影业，有利于扩大就业，特别是低收入阶层的就业。据有关材料提供，以婚纱摄影、婚庆服务和艺术摄影为主要内容，人像摄影业呈现出蓬勃生机。2010 年后婚纱摄影行业发展面临着三大困境：

1. 从 2010 年 12 月 1 日起，我国首部《婚姻庆典服务》国家标准正式开始实施。随该国标还首次出台了《婚庆服务合同》的示范性文本，当中明确规定，婚庆公司制作的包括照片、录像带、光盘要在规定时间内交付顾客，而且要一并交出录制过程中的所有原始资料。这意味着之前拍婚纱照，想要底片需花钱另买的行业潜规则将变成违规行为。

2. 2010 年后由于中国人口架构形成了"四、二、一"的局面，婚纱影楼面临的是"客源减半"。

3. 2010 年是按照民间习俗所谓的"无春年"，也造成了婚纱摄影企业巨大的销售压力。

九、修理业

新中国成立前，我国修理业比较普遍，如泉州地区主要城镇均有私人摆设的修理摊点，服务范围有修理钟表、自行车、修配钥匙、修补雨伞、补锅补盆等。

20世纪50年代，政府根据服务群众生活的需要，积极扶持并给予引导，修理业比较稳定。60~70年代，随着社会经济的发展，修理工匠逐渐就业，走上固定工作岗位，修理业摊点减少。80年代，电视机、录像机、洗衣机、电冰箱与各种音响的家用电器设备在城乡逐渐普及，摩托车也开始成为人们的代步工具，对修理业提出新的需求。由于电器设备、摩托车修理技术质量要求高、报酬丰，一些有技术的工匠也乐于辞掉（或办理停薪留职）原有工作岗位，开设个体修理店。一些有技术的退休技术员、工人，也利用"余热"设点提供服务，增加收入。1980~1990年，个体修理业在城镇又重新获得发展。1990年，泉州市仅维修家用电器、摩托车的修理店就达3219家，从业人员5771人。

2007年，中国保安协会锁具修理工分会在北京成立，并进行安全锁具产品演示。锁具修理工分会的成立，标志着我国锁具修理业将在国家行政主管部门的监督管理下，在行业社团组织的行业自律、行业规范下，逐步走上健康的发展道路。来自意大利的锁具修理业专家介绍了意大利的锁具，并同与会业内人员进行了广泛的交流。

改革开放30多年来，我国家电服务维修业得到迅速发展，形成家电制造、销售、服务"三位一体"的体系。短短30年间，我国家电服务维修产业经历了从成为企业品牌和产品的保护手段，到产品促销手段，最终于2010年变身企业服务营销主角。家电制造商、零售商、服务商们也积极在内容、形式、盈利模式等服务产业化道路上寻找突破口。最终，家电整体服务水平显著提升、城市专业服务体系基本形成、服务新模式探索加速展开。2001~2010 年，家电服务产业从事服务维修的各类经营者从 2001 年不足 20 万家上升到 2010 年的 50 多万家，年营业收入从 2001 年不足 300 亿元扩展到目前的 1013 亿元，长期固定从业人员从 2001 年不足 50 万人上升到目前的 300 万人。

第二节　我国生活服务业取得的成就

改革开放以来，我国生活服务业得到了迅速发展，生活服务业促进了经济增长，解决了大量的就业，提供了大量的税收，满足了人们的消费需求。

一、解决和吸纳大量就业人口的重要渠道

据不完全统计，生活服务业餐饮业、住宿业、美容美发美体业、沐浴沐足业、再生资源业、洗涤业、照相扩印业、修理业（家电修理服务业）、家政业 9 大行业解决就业 12240 万人，对我国就业发挥了重要的作用。

二、便利城乡居民生活，提高生活质量

2011 年北京出台了首部《社区商业规范》，北京市商务委对社区商业在细节上做出明确规定，如社区菜市场的市场面积不小于150 平方米、小发廊每店至少应有两名具备技师以上职业资格人员等。新《规范》是在商务部颁布的《社区商业全国示范社区评价规范》基础上，针对社区内再生资源回收站点、小发廊、小便民浴池、小洗染店、小餐饮店、小百货店和小食杂店 7 种业态，从企业资

质、经营场地、从业人员、场地使用属性 4 个方面制定调整提升规范。在发布新《规范》的同时，北京市商务委还公布了"北京市第一批社区规范化建设达标社区名单"，首批规范化建设达标的社区达到了 645 个，其中朝阳区达标社区 175 个，排在各区县首位。"十二五"期间，北京将以社区规范化建设达标社区为重点，逐步实现社区商业便民服务的全覆盖。据悉，目前已有不少知名企业纷纷开始进军社区商业，北京市商务委方面表示，鼓励连锁经营企业加快向社区发展，鼓励品牌连锁经营企业参与社区商业建设，通过采取收购、兼并、直营连锁或特许加盟等方式整合分散的社区商业资源。

三、促进我国经济结构调整

改革开放以来，我国三大产业结构调整得到了较快的发展，如 1995 年我国第一、二、三产业的比例分别为 19.69%、48.97%、31.34%，到 2010 年我国三大产业的比例分别为 10.1%、46.8%、43.1%，第三产业比例 2010 年比 1995 年增加了 11.76 个百分点。2010 年北京市第三产业的比例达到 74.98%。

生活服务业的发展是第三产业的重要组成部分，并且正以较高的速度增长，如餐饮业自 1991 年至今已经是连续 20 年以 15% 以上的增长速度发展。

四、促进我国低碳经济的发展

1. 发展生活服务业，有利于促进低碳消费模式，加强生态责任意识。目前，我国正处于快速城市化时期，城市化给民众的居住、就业、生活、消费等方式都带来了深刻变化，不仅涉及社会经济问题，还涉及资源和环境问题。民众要树立与低碳消费相协调的价值观和消费观，选择乘公交车、骑自行车和步行等出行方式，节约能源，保护环境，提高市民对使用小汽车出行可能带来能源问题和气候变化问题的认识，感受绿色交通出行对环境改善的作用；购买面积适度的房子，减少对取暖、采冷、照明等热能和电能的需求；发展绿色产品的规模生产，提倡居民对初级食物的消费，减少对化肥和农药的使用。

2. 发展生活服务业，有利于减少食品行业的再加工，引导居民养成直接消费天然绿色食品的行为模式，提高居民膳食质量，改善营养构成，降低食品行业的能源消耗和碳排放量。消费者是低碳经济的最大受益者，消费者应该用手中的投票权——货币义无反顾地支持加入低碳经济体系的企业。

3. 发展生活服务业，积极普及低碳产品。这不仅要依靠企业的努力，而且也体现了消费者的社会责任感和生活态度。它关系到我国的环境改善，还会对社会基础设施、能源价格、环境技术政策、地区产业振兴政策等方面产生积极影响。

五、汽车美容等引领了新的消费方式

2010 年年底，全国民用汽车保有量 9086 万辆，比上年末增长 19.3%。如果去掉 1284 万辆三轮汽车和低速货车，民用汽车保有量为 7802 万辆，其中私人汽车保有量 6539 万辆，增长 25.3%；民用轿车保有量 4029 万辆，增长 28.4%。轿车中，私人轿车有 3443 万辆，增长 32.2%。随着我国汽车进入家庭，20 世纪 90 年代末，汽车美容概念被引入中国市场带给了国人，就是通过汽车美容服务业将这一概念传播给中国城乡居民的，至今仅仅 10 多年时间的发展，汽车美容已经成为国人的时尚。国内汽车美容市场经历了雏形—火暴—发展—纷乱—规范 5 个阶段。现在的汽车美容市场正处入百花齐放的时期，2010 年我国汽车销售额达到 1806.19 万辆，同比增长 32.37%，超过美国成为汽车最大的消费市场，汽车美容也成为人们消费升级的重要内容。

第三节　我国生活服务业存在的缺陷与不足

我国生活服务业迅速发展的同时，也存在许多问题，如服务业没有规范标准，有些制订了，但是并未执行；许多服务业鱼目混珠，重复建设和趋同投资相当严重，造成了许多经营上的困难，不利于消费者利益的保护，也不利于服务业市场发展。

一、长期不受人们重视

生活服务业的研究长期以来被人们所忽视，因此研究的基础较差，研究的难度相对较大，许多研究在数据上、在参考的资料方面，都存在许多不足，难以形成系统的研究成果，但是，生活服务业发展势头较猛，需要我们加强研究，促进其发展、规范其运作。

二、缺乏相应的标准

生活服务业涉及 9 大行业 100 多个细类，在我国人均 GDP 超过 4000 美元的时期，人们的消费水平较高。但是，生活服务业的标准体系尚未建设和完善起来，因此，缺乏统一的、完善的国家标准、行业标准、地方标准、企业标准等标准体系，而且许多标准还没有做到与国际接轨。如沐浴行业缺乏全国统一的行业标准，行业交流相对闭塞，无法组织起大型行业信息沟通和交流平台，各个企业基本上是根据自己的经验或沿袭酒店的部分规范建立的。所以，沐浴行业的服务产品没有统一的指标进行衡量，这是沐浴产业连锁化发展受到制约的重要原因。

三、人才较为缺乏、服务质量不齐

目前，生活服务业不仅缺乏高级职业经理人、高级专业管理和技术人才，而且行业服务没有统一标准，企业各自为战，服务质量不齐，具体表现为行业服务缺乏规范化，服务项目良莠不齐，服务名堂杂乱，远未形成稳定、标准化、流程化的服务产品。

四、安全问题复杂、工作难度较大

生活服务业涉及人与人之间的服务，在人际交往过程中的各种安全问题已经构成生活服务业经营的重大"瓶颈"。它包括服务现场、环境、车场、水电运营、客房防火防盗、餐饮、技师服务，以及醉酒客人、个别客人违法、员工自身等多方面的安全问题，它是一个涉及面宽、涉及内容广的系统工程。

五、行业市场混乱、市场竞争无秩序

生活服务业是竞争性比较强的领域，国有、集体、个体、私营、外资大量资本投入生活服务行业，各地企业数量快速增加，生活服务业网点布局不合理，在部分地区严重饱和，经营缺乏特色，出现了一些恶性的价格竞争现象，部分企业甚至违规违法经营。无序的竞争状况使企业无法集中精力进行品牌、技术、文化管理等各领域的建设。

第四节 我国生活服务业发展的对策与思路

一、提高对生活服务业的认识

正确认识我国生活服务业发展的客观必然性、可行性、重大意义，给生活服务业合法、合理的经济和社会地位，运用财税金融手段予以扶持。

二、借鉴国外生活服务业发展的经验

由于国外商品经济比较发达，市场经济成熟度较高。因此，国外发达国家，甚至发展中国家的生活服务业发展较快较好，质量较高，形成了许多可资借鉴的经验，也有许多可资借鉴的教训，应引起我们的高度重视。如沐浴沐足业应借鉴欧美、日本、泰国、韩国等国的经验，对其加强管理与经营；在家政业上，借鉴"菲佣"模式等；在餐饮管理方面借鉴麦当劳、肯德基等欧美等快餐业的经验，发展西式快餐及中式正餐，并在实践中不断地创新发展。

三、制定相应的标准体系

促进生活服务业标准化、规范化发展，使生活服务业纳入健康、有序、规范发展的轨道。

生活服务业涉及面较广、零散，全面调查比较困难，需要采取深入实际调查研究，采用座谈、访问等多种方法，要想从政府那里直接拿来现成的资料是不可能的。同时需要组织多方面的专业研讨

会，从不同的角度探讨生活服务业存在的诸多问题。应认真研究从业人员的心理、消费人员心理，从经济角度、社会角度等多维度来研究这些问题。

四、培育多层次、多规格的生活服务业人才

随着经济和社会发展，随着我国城乡居民消费升级，迫切需要培养多层次、多规格的生活服务业人才。形成博士、硕士、学士、本科、专科、中专、技校等多层次、多规格的创新型的复合型的生活服务业人才队伍，为此，需要相应的教育、教学体系、课程群建设与之相适应。

五、加强国际行业交流

在生活服务业方面，国外具有较多可资借鉴的经验，也存在许多发展中的教训，需要我们加强国际交往，并在开放中发展我国生活服务业。如"走出去"、"引进来"，在开放的环境中发展生活服务业。

六、加强生活服务业行业协会建设

生活服务业是市场竞争性行业，主要由市场来配置资源，因此，充分发挥各类生活服务业行业协会的作用具有重要意义。一是建立与健全生活服务业行业协会，二是提高行业协会服务能力，以适应开放的生活服务市场，以满足人们消费升级的需要。

七、政府宏观调控部门加强协调与合作

生产服务业行业种类较多、分类比较复杂，如餐饮、住宿、美

容美发美体、洗染、照相分属于商务部，家政业、婚庆公司属于劳动与社会就业保障部，旅游属于旅游总局，修理特别是修锁业属于公安部管理，再生资源回收又分属于商务部与国家发改委等，这就需要政府宏观调控与管理部门相互协调与合作，建立部际协调机制，统一发展生活服务业。

第一章　餐饮与早点业

第一节　改革开放以来我国餐饮业
得到较快的发展

一、餐饮业及其特点

餐饮业是指专门从事加工烹制饮食品，并为顾客提供就地消费、就地服务的特殊形式的行业，它与居民的日常生活、生产和旅游的消费具有密切的关系。餐饮业具有四个方面的特点：

1. 内部结构的整体性。餐饮业经营是以加工为基础，以销售为中心，以服务为手段的。加工、销售、服务三种职能紧密衔接，具有不可分性。

2. 规模结构的层次性。餐饮业由于经营范围和服务对象不同，在规模结构上存在着明显的差别性，形成多层次的行业结构。目前我国主要分为大、中、小三种类型。

3. 空间结构的广泛性。餐饮业经营形式多样，既有中餐，又有西餐；既有正餐、小吃、早点、夜宵，又可以生换熟、来料加工。适应多层次性，具有空间布局的广泛性，不仅要求区域内要有合理的行业结构和规模结构，而且要求区域间、交通中心地带和分散居住区、城市与乡村都要有合理的空间结构。

4. 风味结构的复杂性。饮食业有中西餐之分，不同的国家都有不同的饮食制造方法和饮食习惯，形成各自的饮食风格。我国饮食历史悠久，源远流长，不仅存在鲁、川、苏、粤四大菜系，而且还具有各具特色的浙、闽、徽、湘、鄂、京、沪等地方菜系。发扬传统烹饪技艺，发挥地方特色，引进西餐西点，形成多风味结构，这是我国饮食业的特点。

二、餐饮业连续 21 年保持两位数增长

改革开放以来，我国餐饮业得到了较快的发展，据统计，连续20 年保持两位数的增长，2010 年餐饮业零售额达到 1.7648 万亿元（国家统计口径调整），年均增长 18.1%。2010 年我国餐饮百强企业营业额为 1395.84 亿元，同比增长 11.69%，占全年餐饮收入的比重为 7.91%。2011 年 1~9 月我国餐饮收入达到 14737 亿元，同比增长16.5%，连续 21 年保持两位数增长。

2009 年全社会餐饮业零售额达 17998 亿元（原口径统计），同比增长 16.8%，人均餐饮消费 1348.4 元。但伴随原材料、用工成本的上涨，餐饮业平均利润不断下降，2009 年餐饮业零售额增长率12 年来首次低于同期消费品零售总额增长率。

2009 年，由于受金融危机影响，我国餐饮行业出现了大规模的结构调整，高端餐饮企业开始走亲民路线，而中低端餐饮企业则更多地走进了社区，连锁企业配送中心、社区早餐服务网点、主食厨房等大众化餐饮服务企业蓬勃发展，更多趋向于本色化经营，而且更加注重饮食本身的健康、营养和搭配。总体概括起来有六大特点：

1. 全面发展：餐饮业消费、投资继续平稳快速增长。在经济发展遭受严峻挑战的 2009 年，金融危机对餐饮业的影响逐渐显现，1月份餐饮业零售额 1625.6 亿元，增长 21.6%，之后增长率几乎一路

下滑，但依然保持在 14% 以上。餐饮业每月的零售额均超过 1300 亿元，增长率稳定在 14.4%~21.6%。

2009 年全年社会消费品零售总额 125343 亿元，同比增长 15.5%；全社会餐饮业零售额达到 17998 亿元，同比增长 16.8%，占社会消费品零售总额的 14.4%，虽然与上年相比增幅降低了约 8 个百分点，但仍保持高位增长（见图 1-1）。

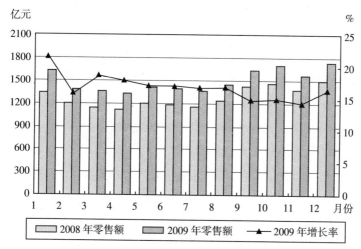

图 1-1 2009 年餐饮业各月销售额及增长率

从餐饮消费支出来看，餐饮业成为 2009 年十大逆市而上的行业，在危机影响下奢华盛宴的高档餐饮消费少了，大宗采购和旅游也减少了，但节假日亲朋好友外出聚餐明显增多，中低档餐饮企业生意火暴。国内餐饮业在不景气的经济环境中，得以"独善其身"，逆市而上，餐饮业拉动内需作用明显。据北京市统计局数据显示，2009 年城镇居民人均消费性支出为 17893 元，同比增长 8.7%；食品支出为 5936 元，同比增长 6.7%，其中人均在外饮食支出为 1646 元，同比增长 17%，在各类消费性支出中增幅居前，仅次于交通和通信支出。

从区域来看，北京、上海等发达地区以及外向型经济地区，受金融危机冲击较大，餐饮业增速出现明显下滑，中西部大部分省市餐饮业增长率与去年基本持平，大部分企业对自身的经营情况比较乐观，统计数字也表明中西部地区餐饮业增速明显高于东部地区。

2009年，云南省餐饮业实现零售总额283.3亿元，比上年增长28.4%，增幅居全国前5位，占全省社会消费品零售总额的13.8%，实现餐饮业增加值130亿元，较上年增长21%，约占全省GDP 2.5%。记者了解到，餐饮业增长速度在批发、零售、住宿、餐饮4个行业中排名首位，而总量也占到第2位，拉动云南省社会消费品零售总额增长了3.6个百分点。

2009年是四川省推进灾后恢复重建的第一年，餐饮业在培育市场增长点、促进消费品市场持续稳定增长中发挥了重要作用，全省餐饮业实现零售额1140.92亿元，比上年增长23.3%，高于同期批发零售业增幅3.7个百分点，也高于社会零售总额3.3个百分点，是消费品市场增长最快的一个行业。

在餐饮消费增长的同时，有关方面对餐饮业的投资热情依旧高涨，2009年1~10月份，城镇餐饮业投资1880亿元，比上年同期增长40.4%，高于全国投资增长率7个百分点，占社会总投资的1.2%。11月11日，湘鄂情在深交所成功上市，开盘价比发行价增长41.06%，总市值超过50亿元。在全聚德、小肥羊、湘鄂情等上市公司的示范效应和引领下，近几年还将有一些知名品牌陆续上市，餐饮业将获得更大的发展。

2. 结构优化：大众化餐饮得到推动与发展。饮食是人们的基本需求，具有很强的稳定性，尤其是中低档餐饮业的需求价格弹性较小，受金融危机的影响也较小。但主要满足商务往来需要的很多高端餐饮，具有较大的价格弹性，在金融危机时首当其冲。一些高端餐饮通过价格调整、菜品创新等多种措施降低价格，争取客源，但一些特色不鲜明、经营不善的高端餐饮企业则在竞争中受挫甚至被淘汰，餐饮市场在优胜劣汰中得到洗礼和优化。

另外，消费者收入变化及对经济复苏不确定的预期使餐饮消费较为保守，便利快捷、经济实惠、卫生安全的大众化餐饮获得了更广阔的空间，餐饮业高中低档的内部结构得到调整。2009 年，快餐等大众化餐饮的增长速度超过行业总体增长速度，大众化餐饮得到加强。

3. 规范提升：食品安全意识和制度化水平显著提升。2008 年《食品安全法》颁布，至今已经两三年，政府对食品安全监管的重心从注重食品干净、卫生，逐渐深入到食品生产经营的内部，从事后处罚到事前风险评估。餐饮业监管部门的职责也进行了相应的调整，分工更加明确，监管更加科学。

国家食品药品监督管理局正在全国调研餐饮业食品卫生安全，并着手制定《餐饮服务食品安全"十二五"规划》，通过大规模的宣传和检查，餐饮业食品安全意识逐渐提高，企业也通过制度学习，推动管理进一步规范化。卫生部门对食品添加剂的专项整治进一步规范了餐饮企业对食品添加剂的使用。

4. 变革创新：餐饮业在蜕变中更加成熟理性。在金融危机的影响下，餐饮企业主动或被动地调整经营策略，纷纷进行业态创新、管理创新和技术创新来应对市场环境变化。企业更加注重对目标群体、市场定位的研究，开展有针对性的营销活动。一些经营有困难的企业收缩业务，先生存后发展。有实力的企业逆势而行，规模扩张步伐加快。如净雅在高端餐饮的基础上，推出阳光自助海鲜。

面对国际金融危机的冲击，国内餐饮企业希望去海外抄底扩张，但也因为在风险控制和跨区域管理上缺乏经验而遇阻。2010 年 12 月 11 日，小肥羊宣布以总代价 34.5 万美元，向合作伙伴悉数转让其美国小肥羊的 69% 权益。至此，小肥羊已经相继转让出加拿大、日本的控股公司股权，已退出其除港、澳地区外在海外的全部直营业务，今后海外发展将以加盟为主。餐饮企业在危机应对中积累了经验，也变得更加成熟理性。

5. 技术创新：餐饮业在科技创新中发展。2009 年 7 月，由中国烹饪协会引入的日本电子采购管理平台，将行业组织、餐饮企业、原材料供货商三者资源有效整合，给广大餐饮企业提供一整套系统的在线进货、销售、库存等解决方案，帮助企业快速进入现代化采购管理系统，建立安全可靠的进货渠道，从而大大提高管理水平，降低成本，有效提升企业利润率和食品卫生安全。

据调研，这是中国首个餐饮电子采购管理平台采用国际先进的SAAS（Software As A Service：软件即服务）方式，完全基于互联网络，与各类国际财务软件对接；供需双方可以时时联系，供求信息、成交状况即时可见；供货商可以将产品生产、标准、运输、储存等各种信息存入系统，为餐饮企业提供完整的可追溯系统，从机制上确保食品安全。

这个平台于 2009 年 7 月正式开通上线运行，今后数千亿元的餐饮原材料采购将在这里交汇，这个信息丰富、实时更新、便捷有效的网络平台将推动中国餐饮业迈上新台阶。

6. 政府重视：餐饮业发展获得更多政策支持。2010 年 8 月国务院办公厅下发了《关于加强地沟油整治和餐厨废弃物管理的意见》（国办发 ［2010］ 36 号，以下简称《意见》）。2009 年年初，商务部出台了《全国餐饮业发展规划纲要》，明确提出餐饮业发展的指导思想、发展目标和主要任务。云南、成都等省市也都在研究制定本地餐饮业发展规划。财政部办公厅、商务部办公厅下发《关于 2009 年度促进服务业发展专项资金使用管理有关问题的通知》，提出 2009 年度中央财政促进服务业发展专项资金重点支持"双进工程"、"早餐示范工程"、再生资源回收利用服务体系、流通领域市场监管公共服务体系、"放心肉"服务体系建设等项目。

按照《商务部、财政部关于开展"早餐示范工程"试点工作的通知》规定，经验收合格的主食加工配送中心项目，原则上按每个 300 万元的标准予以支持。"苏州一百放心早餐"工程等多个项目获得专项资金支持。文化部等有关部门对餐饮业非物质文化遗产也高度重视，并给予相应的政策扶持。

2009 年 5 月，云南省人民政府出台了《关于促进餐饮业发展的意见》支持餐饮业发展，明确从当年至 2012 年每年将从省内贸易发展专项资金中安排 2000 万元支持餐饮业发展，特别是用于培育餐饮龙头企业，建设星级美食名店，打造美食名城、名县、名镇、名街，研发特色菜品等方面。各级政府对餐饮业的高度重视和政策、资金支持是前所未有的。

三、北京餐饮业发展及其特点

2009 年，在全球金融危机导致商务宴请大幅减少的情况下，北京市餐饮业营业额达到 477.7 亿元，同比增长 16.2%，占社会消费品零售额的 9%。餐饮业的快速发展，大众化餐饮功不可没。就连全聚德、眉州东坡这样的中高端餐饮品牌也纷纷开进社区，力图在大众化餐饮市场分一杯羹。北京计划在 21 世纪初建成具有中国特色的美食之都。

北京消费群体的增多带动了主食厨房、快餐厅、家常菜馆等大众化餐饮的蓬勃发展。近年来，北京餐饮业的发展呈现以下特点：

1. 规模不断扩大，发展势头强劲。
2. 逐步向连锁化、规模化方向发展。
3. 风味业态多样，中西荟萃。
4. 经营主体多元化。
5. 观念更新，融合发展渐成时尚。
6. 经营服务水平不断提升。

（一）北京家常菜连锁经营遍地开花

烤鸭是北京的名菜。名气最大的北京烤鸭当然是全聚德，现在又出了个更高端的大董烤鸭。但是对于北京普通老百姓来讲，吃得最多的恐怕还是最早打出 38 元一只的金百万烤鸭。

以烤鸭、水煮鱼、家常菜等名震京城的北京金百万餐饮娱乐有限责任公司，走的正是一条社区餐饮的路子。金百万企业发展坚持"社区餐饮就是老百姓的厨房"。发展社区餐饮，要不断根据顾客的需求来调整。实际上，从开始时以量大、实惠著称，到如今注重卫生、营养、口味、环境，金百万正是根据顾客对社区餐饮的要求来不断完善自身服务，也由此赢得了百姓的口碑。从 1992 年至今，立足社区餐饮的金百万已经发展到了 70 多家分店。

与金百万类似，北京大鸭梨餐饮集团、北京郭林家常菜食品有限责任公司等，也凭借着社区餐饮的鲜明定位，于近几年在京城餐饮界迅速崛起，分店也分别达到 60 多家和近 40 家。好吃不贵、卫生安全，加上遍布京城的连锁门店，使这些大众化餐饮企业成为百姓日常亲朋好友聚会的首选场所，遇到节假日的饭点儿，经常出现排队等位的现象。

随着规模的不断发展，大众化餐饮企业已经逐步建立起了统一、标准、规范化的市场运营模式，普遍推行了服务与菜品的标准化及中心厨房制作配送机制。比如大鸭梨在北京的大兴、顺义、昌平等区建立了绿色种养殖基地、中央厨房、物流配送中心和人才培训中心。金百万不仅拥有自己的种养殖基地、培训基地、物流配送中心，还实现了信息化管理，先进的协调管理平台，两秒钟内可以使上网的所有人实现信息交流，企业资源得以最大化共享。

（二）北京中高端餐饮挺进社区市场

创建于 1864 年（清朝同治三年）的全聚德集团以连锁方式开拓市场，81 家连锁店年销售烤鸭 600 多万只，接待宾客 600 多万人次。仅北京地区就新开了国门店、奥运村店、西翠路店、双井店、望京店等多家直营店，望京店是全聚德集团首次明确提出定位于社区的门店。

全聚德望京店不仅推出了多款韩国、日本的改良菜，如石锅香煎牛仔骨等，还首次推出蘸着不同国家风味酱的"望京鸭"，包括混有芥末的日韩酱、东南亚的甜辣酱，以及欧美口味的西式调味汁。此外，还专门在店里配备韩式泡菜、韩式调料等，以照顾社区内更多韩国顾客的口味。

实际上，定位中高端的全聚德近年来不断向普通百姓伸出橄榄枝。西翠路店的口号：亲情家宴、西翠最浓；双井店主打婚宴、寿宴，这些都已经明显在向大众餐饮靠拢。而各门店推出的学生套餐、儿童套餐、家庭套餐等，更是让消费者能够以实惠的价格，品尝到全面系统的全聚德美食。

眉州东坡在探索和发展大众化餐饮的道路上走得更远。2010年，眉州东坡还被列入北京市"早餐示范工程"的4家企业之一。眉州东坡旗下既有眉州东坡酒楼、王家渡火锅这样的正餐厅，也有眉州小吃、私家厨房这样的小门店，4个品牌、40多家分店，这种多品牌的优势在门店选址上表现得尤为突出。目前眉州东坡在四川投资2亿元兴建的王家渡食品有限公司已经投入运营，眉州东坡自有品牌的眉州香肠、东坡肘子、扣肉、樟茶鸭等特色食品，已经进入卜蜂莲花等北京的超市专卖，老百姓在家就能品尝到眉州东坡的美味。

（三）京城餐饮企业争做百姓大厨房

想吃包子到庆丰包子铺，想吃饺子到惠丰楼，想吃快餐有肯德基和麦当劳的汉堡，也有吉野家、和合谷的盒饭，想吃老北京小吃可以到护国寺小吃、隆福寺或者南来顺，想吃烤肉到烤肉宛、烤肉季，想喝碗可口的粥可以选到嘉和一品，而品尝最正宗的烤鸭可以到全聚德和便宜坊。如今，北京人的口福已经不再局限于一种风味，特色风味餐馆也不再是一家一户，连锁带来的便利已经让北京市民不用跑远路就可以品尝到丰富的特色餐饮，而风味正餐的便利，也让北京的大众家庭把餐馆当成自家的厨房。

从2009年开始，崇文区政府对辖区内的餐饮企业进行推广早餐工程的支持，每家供应特色正餐的餐饮企业同时增设早餐经营，通过企业自建、居民投票、协会评审之后，能够达到标准的餐饮企业，可以享受到来自政府部门的奖励，这种奖励包括政策的支持和财政的补贴。仅2009年，崇文区就新增早餐餐饮网点30多家，以供应正餐为主的便宜坊集团旗下的所有品牌和门店都开始经营早餐。这样，从早餐到中餐、晚餐，大众化餐饮企业实现了三餐的全面覆盖，真正履行了大众化餐饮的服务理念。

而来自崇文区商务委的统计显示，2010 年崇文区投资 300 多万元，支持了 32 家大餐馆，每家支持资金最高为 15 万元，收到了意想不到的作用和影响，不但提高了餐饮企业的效益，而且也赢得了社区居民的一致好评。据山东菜馆透露，他们刚开始上马早餐经营项目时，每天的营业额只有 300 元，后来每天实现早餐销售 1700 多元。

（四）创新菜、低碳成大众餐饮主流

随着中高端餐饮向社区转型，大众化餐饮市场的竞争日益加剧，这也迫使社区餐饮企业提升菜品质量、改善用餐环境，提供更好的服务。目前，推创新菜、倡导科学合理点菜、向节能环保要效益，已经成为京城大众餐饮企业的自觉行为。

比如有"国人快餐"之称的和合谷，将传统中华美食精华与现代化快餐元素进行巧妙地糅合改良，推出了自主研发、具有鲜明民族特点的麻婆饭、东坡饭、鱼香饭、宫保鸡丁饭等十余种健康营养的饭品，深受广大消费者的喜爱。标准化操作保证了"立等可取"的点餐模式为顾客快速提供美味、健康食品，实践了和合谷从快餐向营养餐的嬗变。2009 年，和合谷还建立了符合低碳低能耗标准设计的加工配送中心，占地 5000 平方米，拥有先进的制作、杀菌、冷冻、冷藏设备，先进的硬件设施使得和合谷的国人快餐在品质方面得到根本保障。

在首届全国大众化餐饮论坛上，专家指出，在人力成本、原料成本、能源价格不断上涨的形势下，餐饮企业的利润在不断下滑，企业必须开拓新的利润增长点来保持一定的盈利能力。采用新的节能设备、加强节能减排技术改造，以降低成本和费用，得到餐饮业的一致认同。据统计，如果能耗下降 10%~20%，就能极大提高餐饮企业的盈利水平。

发展大众餐饮不只是网点的增加，更重要的是服务的转变。包括拓展服务领域，比如覆盖新兴社区，关注老年人用餐、团体膳食以及医疗餐饮服务等。包括产品结构更加亲民化，要大力发展家庭送餐服务，因为家庭的私密性、特有氛围是餐厅无法取代的，要让人们在家中也能享受到餐厅一样的服务。还应大力发展主食厨房，推出馒头、大饼、面条等之外的更多食品、半成品，让人们经过简单加工就能食用。这类食品的包装、保质、保温等问题，都需要得到相关科学技术的支持。只有这样，大众化餐饮才能在更高层次上满足人们日益增长的餐饮需求。

第二节 我国餐饮业（含早点业）存在的问题

一、餐饮业发展中的市场环境制约

（一）法规建设滞后

虽然我国出台了《食品安全法》，但是目前我国餐饮业尚未建立适用于餐饮业的国家级法规，缺乏系统严格的市场准入制度和强制性标准，餐饮企业的标准参差不齐，内容不全面、技术知识含量低，缺乏全国统一性。

（二）市场秩序有待规范

我国餐饮业缺乏统一的行业执法，市场秩序不规范，餐饮环境不卫生，食品安全问题时有发生，市场管理和行业管理跟不上形势发展需要。

（三）人才培养和人力资源市场不健全

餐饮管理的教育科研与国际水平有很大差距，全国没有本科烹饪院校，职业经理人队伍培养和专业培训工作滞后。行业人员素质不高，缺乏高层管理人才和烹饪技术人才。尤其是厨师资格认证混乱，名师大师认证不规范，花钱买证现象泛滥。随着新《劳动合同法》的颁布实施，企业管理成本加大，人力资源必将面临新课题。

（四）传统流程制约，关联产业掣肘

再前卫的中餐业也脱不开传统生产流程与工艺流程，由此派生的诸多缺憾制约着该行业的发展。餐饮业上游供货商不成熟，农业、牧业、农副产品食品初加工过于分散，物流配送体系不健全，均给企业良性发展造成一定阻碍。

（五）餐饮企业食品安全

餐饮企业出现的餐厨废弃物和"地沟油"回流餐桌引起的环境污染和食品安全问题，在我国一些地方比较严重。这一问题美国、日本等一些国家在历史上也一度出现。目前，需要我国一些城市通过制定地方性法规，政府积极推动，扶持引导企业建立餐厨废弃物和"地沟油"资源化利用和无害化处理项目，取得了一定成效，但是问题仍然比较严重。

二、餐饮业运行的内在弱点

餐饮业的运行特点，与餐饮业起步的方式、发展的背景、环境和发展阶段是相关的，其运行的内在特点在不同视角下侧重点不同，也可能成为制约其发展的软肋和短板。

（一）重内部管理，轻前期投资和后期资本运作

与西方国家餐饮和住宿业在自发和创新基础上发展起来完全不同，中国餐饮和住宿业是在学习国外先进管理经验的基础上短期内迅速发展起来的，是典型的"拿来主义"。1982 年鉴于国内饭店管理经验薄弱，北京建国饭店引进了第一家国际饭店集团——香港半岛集团。半岛的管理方式和管理理念对起步于招待所式管理方法基础上的饭店从业人员而言，无疑是极其先进的科学管理方法。1984 年，国务院颁布了《推广北京建国饭店经营管理方式的有关事项》，全国掀起了学习"建国"的热潮。

中国餐饮和住宿业从招待所基础上直接嫁接了国外先进的管理方式，是跳跃式发展，也培养了一大批基于国外饭店 20 世纪 80 年代初单店管理经验基础上的从业人员，专注于饭店的内部管理，而从那时起至今的 30 年时间里，中国饭店所强调的重点一直是内部管理。但是，餐饮和住宿业涉及不同的层面，有单体饭店、饭店集团、饭店管理公司、饭店连锁等，不同层面的运作方式是不同的。

而国内从国外饭店集团所学习的主要是对单体饭店的内部管理，对于前期的饭店投资和后期的资本运作，不仅要求具备饭店管理方面的经验与常识，还需要具备投资学、工程学、建筑学、美学、金融学等多方面的专业知识，需要复合型的高学历人才。但是，饭店大量的从业人员主要从经营管理层面进入饭店领域，而前期饭店投资的技术咨询是国外饭店集团进行业务拓展的核心业务，与以内部管理为主要工作的国内饭店从业人员接触的机会自然很少。

同时，早期饭店从业人员主要从语言、外贸等专业进行选拔，受专业背景所限，他们对前期的饭店投资关注很少、了解有限。对于后期的资本运作，由于饭店资产的主要产权人是国有企（事）业单位，由于历史的因素，有些饭店产权关系极其复杂，对饭店进行资本运作是不具备现实条件的。同时，国内的金融市场一直处于不断完善的过程中，直到近期才具备一定的资本运作条件。

饭店从业人员主要以职业经理人的身份从事经营管理，对此关注自然不多，而餐饮和住宿业主往往出于非经济因素对饭店进行投资，资本运作的动力较小，且对饭店资产的专业化运作并不了解。然而，饭店前期的投资和后期的资本运作，在整个饭店的生命周期中有着举足轻重的作用。前期投资不合理、设计不到位等会导致经营管理成本上升，或间接决定着饭店管理的流程和方式；而后期的资本运作，对于提升饭店整体资产的价值发挥着重要作用。从商业地产的角度而言，后期的资本运作以及资本运作与经营管理的良性互动才能最大限度地展现该饭店的总体价值。

（二）重单店经营，轻集团化、连锁化经营

经过 30 年的运作管理，对于餐饮业而言，经营管理好一家饭店已经不是一件难事，这在很多单体饭店成功经营的案例中得到了证实。例如广州的花园酒店、北京的北京饭店、上海的锦江饭店等。然而，对于如何以集团化、连锁化的方式去运作一个饭店管理公司或饭店集团，在这 30 年中这一深层次的问题尚未得到一个较好的答案。当今处于饭店管理公司或饭店集团的高层管理人员，很大一部分在改革开放初期接受过国外饭店品牌的单店经营培训，但加入国外饭店品牌中的大部分从业人员能够接触到的只是单店经营，而进入国外饭店管理公司或饭店集团的从业人员非常少。

因此，虽然集团化、连锁化经营在中国餐饮和住宿业中扮演着越来越重要的角色，但是有这方面经验的饭店从业人员非常有限。随着其他行业集团化、连锁化的发展，饭店投资者开始意识到集团化、连锁化经营的重要性，也开始从其他行业引进部分集团化、连锁化经营的人才，而本行业所培养的集团化、连锁化经营的人才却有限。

近几年，伴随着经济型连锁饭店的兴起，连锁化、集团化运作的方式才真正能够进行本土化的市场实践。虽然当前中国已有几十家甚至上百家所谓的饭店管理公司或饭店集团，但是在集团化、连

锁化经营方面能够得心应手的饭店管理公司或饭店集团却寥寥无几。同样，经济型饭店对连锁化、集团化运作方式的探索也只是由来自其他行业背景的人员作为领军人物进行积极的推进和创新，而具备餐饮和住宿业背景的从业人员对此并没有投入足够的关注。

未来饭店的竞争将是集团层面的竞争，只有通过市场手段构建起连锁化、集团化的饭店管理公司或饭店集团，才可能在竞争中占据重要的一席之地。如果说早期餐饮和住宿业的成功是运营模式的成功，那么当代餐饮和住宿业的成功则更多是商业模式的成功。如果仍以单店经营的理念进行饭店管理公司或饭店集团的经营，那么注定是无法取得成功的。

（三）重传统经验，轻技术创新和研发

在过去的 30 年中，餐饮业的发展过多地强调传统经验，特别是操作层面的经验。然而，任何一个行业的发展都是在前人的基础上不断向前才能有所进步的。如果只是一味地强调经验，后人总是在学习前人的经验，那么这个产业即使可以向前发展，但发展的速度也很有限。强调传统经验的餐饮和住宿业，很可能进入一个内封闭的循环系统，不利于产业的快速发展。现代饭店不仅仅是资本和劳动力密集型的行业，也是一个越来越需要技术推动的产业。但是，至今还几乎没有看到任何一家国内饭店集团从战略层面思考并制订完善的科技自主创新体系。没有科技创新做支撑，尽管国内饭店可以从服务和操作层面，甚至是从品牌构建的角度取得一些进步，却无法从根本上缩小与国际饭店集团的竞争力差距。科学技术是第一生产力，那些致力科技创新和研发的饭店企业，将有可能会对餐饮和住宿业产生颠覆性的影响。

（四）重传统销售，轻销售渠道的构建

经过 30 年的发展，当前绝大多数饭店还没有建立同分销渠道相竞争的概念，除少数饭店，大多数饭店根本不知道中央预订系统

（Central Reservation System，CRS）是做什么的。饭店的销售方式仍然是传统的，如签约公司、旅行社、出租车司机的回扣（Return Commission）等。虽然已经知道将饭店产品进行网上销售，如通过携程、艺龙等网站，但却不知道渠道始终是要在饭店的控制之下的。国际饭店集团通过自己的 CRS 来控制分销商，而国内很多饭店尚不明白分销渠道对于饭店的重要性。在过去的 5 年时间里，携程、艺龙等新兴服务商让人们真实地感受到了什么叫第三方销售，而这些公司的壮大，必将进一步控制销售渠道的另一终端——饭店。

当前，部分饭店集团已经开始意识到渠道的重要性，只是在第三方销售渠道处于强势地位的环境下，构建自身的 CRS 不仅需要对渠道有足够的重视，还需要意识到渠道构建的难度，这并不是一蹴而就的。

三、产业运行特点所产生的问题

在这 30 年的时间里，餐饮和住宿业具备如上运行特点，而这些特点也必然带来与之相匹配的后果，并将进一步制约中国餐饮和住宿业的转型升级。

（一）我国餐饮集团"集"而不"团"，产业化程度偏低，管理创新能力弱

当前国内市场总体仍处于小、散、弱的状态，90%以上的餐饮企业为小企业，2007 年规模最大的 100 家餐饮企业营业额仅占整个餐饮市场的 8.5%。占主导地位的饭店集团或旅游集团由于资产存量的问题，仍然以国有资本为主，如首旅集团、锦江集团、岭南集团、香港中旅集团等。这些国有集团旗下拥有大量的饭店资产，大部分由专业的饭店管理公司经营。但是，通过行政手段合并而成的饭店集团，一方面，由于历史因素、发展路径等原因，对集团总部

或饭店管理公司拥有较强的谈判能力，对集团或管理公司各项指令的执行能力方面相对较弱；另一方面，我国的国内饭店管理公司由于发展时间较短，同时在管理公司层面上进行运作的经验相对不足，往往还是按照传统的经验理念来运作管理公司，盈利能力、管理水平和经验等各方面的能力相对较弱。饭店管理公司是个技术支撑机构，通过文化的传承、管理的理念将公司先进的管理方式运用到饭店中，是个技术输出组织。因此，对管理创新的要求相对较高，而我国的饭店管理公司由于种种原因，尚未完全意识到作为一家饭店管理公司与饭店的区别，以及饭店管理公司的核心竞争力等问题。加之品牌企业不多，上市企业更少，难以抗衡由竞争加剧、经营成本上涨所带来的威胁。

（二）人才流失严重，行业对高素质人才吸引力小

早期餐饮和住宿业人员对语言、外表和素质的要求较高，当时饭店员工的工资收入与其他行业相比也是可观的。只是经过这30年的发展，餐饮和住宿业已经成为对高素质人才吸引力小的一个行业，人才流失现象严重。很多优秀的饭店从业人员不断流向外资企业和其他行业。21世纪的竞争是人才的竞争，无法吸引高素质人才并留住优秀人才的餐饮和住宿业如何在愈演愈烈的国内外竞争中取胜，将是餐饮和住宿业必须要面对的一个现实课题。

（三）技术创新能力较弱，外在技术推动饭店产业发展

当回顾餐饮和住宿业30年时，可以想想，从20世纪80年代初期到现在，餐饮和住宿业中发生了哪些技术创新？哪些技术创新又是由饭店行业内部本身引领的呢？答案不言而喻。当行业自身的技术创新能力有限时，其他行业的技术发展必然会延伸至餐饮和住宿业，推动餐饮和住宿业被动地向前发展。例如：丽星邮轮将邮轮生产技术应用到餐饮和住宿业；拥有技术背景的郑南雁推出的"7天连锁酒店"等。由于技术的外溢效应，在促进餐饮和住宿业发展

时，对产业固有经验的颠覆也是一个创新。

（四）发展结构失衡，高端市场被国际品牌占据

由于竞争加剧、经营成本不断上涨，大众化餐饮在一些地区发展很不平衡。行业内高档餐饮往往被外资或国际品牌占据，中低档餐饮服务明显不足。

国家旅游局官方网站上的《旅游调研》中提及：截至 2006 年年底，有 37 个国际饭店管理集团的 60 个饭店品牌进入中国，共管理 502 家饭店。世界排名前十的国际饭店管理集团均已进入中国。管理饭店数量位居前五位的国际饭店管理集团是温德姆、洲际、雅高、喜达屋、万豪，管理饭店的数量分别为 159 家（包括 110 家速 8 品牌的经济型酒店）、69 家、43 家、37 家、31 家。而且在未来几年，国际饭店管理集团管理的饭店数量还将迅速增加，比如，根据洲际集团最新的全球发展计划，其在中国拓展的饭店数量将占其全球发展总数的 1/3，2008 年在华管理饭店总数将达 125 家。目前，国际品牌对北京、上海等一线城市的豪华饭店布局已经基本完成，开始将目光瞄向中国的二、三线城市。经过 30 年的发展，国内饭店品牌因自身因素和外部竞争因素，已经不具备在高端餐饮和住宿市场上的竞争力了。

经济型餐饮和住宿市场仍然处于快速发展阶段。根据《2008 年中国经济型饭店调查报告》中的数据，2007 年全社会经济型饭店已开业的达 2000 家，已开业的客房数在 20 万间左右。调查结果表明，2007 年中国经济型饭店前十强企业开业店数是 1080 家，客房数是 135896 间。与 2006 年相比，开业店数的增长率是 125%，客房增长率是 123%。由于经济型饭店在短期内的迅速发展，已有人预测经济型饭店的市场泡沫即将出现，只是相对于庞大的人口基数，目前市场上成规模、成系统的经济型连锁饭店品牌的数量仍然是有限的。

（五）饭店分销渠道的争夺与博弈

饭店与分销商之间是典型的共生关系，只是近几年，国内餐饮和住宿业存在的最大问题是主流渠道垄断了饭店客源，一些饭店30%以上的客源都是由携程、艺龙等第三方中介机构提供的，占据中介渠道的中介机构想做活动或提高佣金，成员饭店基本上是无条件地答应。这种状态使得饭店受制于渠道。

部分饭店或饭店集团已经逐步意识到这个问题，例如：金陵饭店与携程的合作在 2007 年年初结束，金陵通过 IT 平台整合了多种订房渠道，冲淡了一家独大的渠道格局。金陵不仅拥有自己的网上订房系统，并且与国内知名的几家旅游分销网络，如 ChinaOnline（畅联）、德比、12580 等实现了系统对接。同样，2007 年 6 月，香格里拉饭店集团正式发布其斥资 200 万美元全新改版的集团中文网站，在网站内容上除了增加品牌信息之外，网上预订功能得到加强，此举标志着跨国饭店集团在中国欲摆脱在线预订单纯依靠携程、艺龙等在线寡头的现状。渠道在饭店中发挥重要作用，渠道的争夺与博弈也将长期存在。

（六）产业边缘文化与西方文化移植的挤压

餐饮和住宿业在 30 年运行过程中存在的不足和急需解决的问题，而产生这些问题的根源在于深层次的文化层面。中国餐饮和住宿业源自古代的驿站和车马店，至今已有 3000 多年的历史。但餐饮和住宿业一直是非主流的业态，饭店从业人员自古以来一直在政治上、法律上、社会地位、社会舆论和习俗等各方面备受歧视，处于社会的最底层，甚至连一般的"平民百姓"都不如。驿站的驿夫、迎宾馆的馆夫和其他形式旅店的服务人员，同"官私奴婢、娼优乞丐"一样，被视为"贱民"。

新中国成立后，以大量招待所形式存在的餐饮和住宿业主要用于内部接待。可见，几千年以来，餐饮和住宿业一直被排斥在主流文化之外，形成了产业边缘文化。直到餐饮和住宿业在引进国外的管理经验和管理方式的过程中，才逐渐作为一个正式的产业出现在世人面前，让世人了解到原来餐饮和住宿业还可以如此运作。

因此，在这两种文化的挤压下，整个行业多年来主要是沿袭西方当时的管理方式，从而导致整个行业长期以来缺乏创新。同时，随着国外饭店品牌不断进入中国市场，国内从业人员在外资品牌饭店中主要从事中低端的执行工作。至于国外饭店管理公司或饭店集团在公司或集团层面的创新，国内从业人员接触有限。因此，国内饭店从业人员往往只是处于学习国外饭店品牌的经验中，自身创新能力不足。

第三节　未来我国餐饮业（含早点业）发展趋势

一、"十二五"餐饮业将得到稳步发展

《全国餐饮业发展规划纲要（2009~2013）》提出，到 2013 年，全国餐饮业将保持年均 18% 的增长速度，零售额达到 3.3 万亿元；培育出地方特色突出、文化氛围浓烈、社会影响力大、年营业额 10 亿元以上的品牌餐饮企业集团 100 家；全国餐饮业吸纳就业人口超过 2500 万人；在全国大中城市，建设 800 个主食加工配送中心和 16 万个连锁化、标准化的早餐网点，规范一批快餐品牌，初步形成以大众化餐饮为主体，各种餐饮业态均衡发展，总体发展水平基本与居民餐饮消费需求相适应的餐饮业发展格局。

二、我国餐饮业发展方针

我国餐饮业发展方针以"便利、快捷、卫生、安全、经济"10字方针为指向。

1. 便利：从餐饮消费来体现，一是地理位置便利性，二是餐饮服务便利性。

2. 快捷：从餐饮服务的简捷、快速、规范，以及出品速度的产品设计流程化来体现。

3. 卫生：从大众化餐饮环境卫生的整洁、干净和用具卫生有保障来体现。

4. 安全：从大众化食品安全、环境安全、人身安全来体现。

5. 经济：从产品定价来体现，要使普通消费者接受并体现经济性。

三、我国餐饮业发展趋势

（一）食品安全监管力度将全面加强

1. 法律法规标准逐渐完善。2008 年以来，国家颁布《食品安全法》、《食品安全实施条例》，政府对食品安全监管的重心从注重食品干净卫生，逐渐深入到食品生产经营的内部，从事后处罚到事前风险评估。餐饮业监管部门的职责也进行了相应的调整，监管更加严格。2010 年以来，国务院、卫生部、国家食品药品监督管理局等陆续印发了一系列涉及食品安全的工作指导方案和通知，包括《2010 年食品安全整顿工作安排》、《2010 年餐饮服务食品安全整顿工作实施方案》、《关于加强餐饮具集中消毒单位监督管理的通知》、《关于严防"地沟油"流入餐饮服务环节的紧急通知》、《关于严防不合格一次性筷子流入餐饮服务环境的紧急通知》、《关于深入开展学校食堂食品安全专项整治工作的通知》、《关于进一步加强建筑工地食堂食品安全工作的意见》、《食品添加剂新品种管理办法》、《可用于食品的菌种名单》等，显示了国家在整顿食品安全秩序方面的决心和力度。2010 年 5 月 1 日《餐饮服务许可管理办法》和《餐饮服务食品安全监督管理办法》正式实施。《餐饮服务许可审查规范》、《餐饮服务食品安全操作规范》也即将出台。

2. 监管力度全面加强。自 2008 年 12 月以来卫生部等 9 部门联合组织开展了全国打击违法添加非食用物质和滥用食品添加剂专项整治工作，成效显著。2009 年 12 月，国家食品药品监管局对 30 个省（区、市）进行了安全整顿的阶段性检查。据统计，整顿开展以来，各地餐饮服务监管部门检查各类餐饮单位 248 万多户次，收集违法违规线索 11 万多条，警告和责令整改 23 万多户，罚款 2.7 万多户，没收违法所得 2400 万多元，停业整顿 9302 户，吊销许可证 1406 户，取缔无证经营 24260 户，移送司法机关处理案件 119 件，餐饮服务秩序得到进一步规范，安全保障水平进一步提高。

（二）产业与消费结构升级促进餐饮业转型升级

我国人均 GDP 超过 4000 多美元标志着中国城乡居民消费进入一个新的发展阶段，但长期以来主要依赖生产要素和资源大规模投入的粗放式增长，为今后经济发展带来了挑战，大量土地和自然资源的投入造成资源短缺和环境破坏，劳动力开始出现短缺，各行各业加快经济增长方式转变已成为当前经济发展最突出的任务。作为传统服务业，餐饮业也亟待转型升级。

从产业发展角度来看，餐饮业经过改革开放 30 年的持续高速发展，2009 年后行业增长速度逐渐回落，也开始在内外因素驱动中进入调整阶段。当前人员需求缺口大、人员流动性高的困境及劳动力成本上升趋势，将推动餐饮业加快变革与转型升级。

（三）大众化餐饮趋势

2007 年《商务部关于加快发展大众化餐饮工作的意见》就对大众化餐饮做了明确定义，即"大众化餐饮是餐饮业的重要组成部分，主要指面向广大普通消费者，以消费便利快捷、食品卫生安全、价格经济实惠等为主要特点的现代餐饮服务形式，包括各类早餐、快餐、特色正餐、地方小吃、社区餐饮、团体供膳、外卖送餐、食街排档、农家乐，以及相配套的中心厨房和加工配送中心等经营类型"。中国餐饮产业包括中式餐饮、火锅餐饮、大众餐饮三大类别。"十二五"期间，大众化餐饮将改写目前的产业格局，从占餐饮产业 70%比例上升到 80%。

（四）健康、卫生、安全趋势

2008 年《食品安全法》颁布了对促进餐饮业卫生的要求和更高的标准。而传统大火锅，十几个人在一个锅中进餐食用，从卫生角度来讲的确没有"单锅"涮吃卫生、方便。而由"非典"、"甲型H1N1"等发生所引起的中餐分餐制在当时很盛行，这种用餐制有效地减少了相互感染，增加了卫生安全的保证。当今消费者在食品安全方面，健康作为了首选因素，因此随消费生活水平的提高，人们也不断地追求健康，这些就导致了餐饮经营中的"单位"消费的发展。

（五）规模化、集团化趋势

由于 2008 年全球金融危机的影响及原料成本的增加、房租费用的提高、人员工资成本的增加，导致许多中小餐饮企业停业、关门。许多大餐饮企业因为推行连锁、标准化，有规模效应和成本最小化而立于不败之地。同时，由于品牌、规模因素，在选用餐饮的方向上，消费者对于大品牌或连锁企业更认可和信赖。认准规范、品牌产品，扩大企业规模，树立餐饮企业品牌特色形象，吸纳更多的消费者，已成为餐饮业的一个重要法则。

（六）快餐业将占餐饮业态的 40%

随着生活水平的提高、经济的发展、都市生活节奏的加快，消费者的生活将进入快餐式化，更多的人选择了外出就餐，而生活水平的提高和快节奏的生活，促进更多的快餐行业生长，这种群体的生存消费，造成了快餐业快速发展壮大，而标准化、规模化更有望做大、做强，目前很多大型餐饮企业已转型进入快餐的领域。

（七）自助、自选、明档等方式将成为餐饮业经营主流

随着经济的发展，新的"民工荒"出现，许多地方餐饮服务员已成为最难招引的人员，在全国各地服务人员欠缺 40%~60%。人员难招的同时，工资上涨还是招不到人的情况已很严重，而餐饮行业的用人目标已转向中年或老年下岗职工，目前这类人群随市场服务员的紧缺已变成"热手"的人才。同时，一些餐饮行业为了减少人力成本，控制人员难招问题，在餐饮业态的经营设计或经营思路上也有了新的调整变革，将原来的一些业态转换成了自助、自选、明档等方式，"由服务员转型为客人自助"，从而有效地解决了招人难和人力资源成本高的一些难题。

（八）农家乐、私房菜、私房会馆、素食成为消费热潮

餐饮消费轮回又来了，许多消费者想吃 20 世纪 60 年代的土家菜了，许多消费者经济收入提高了，对健康的要求提高了，也更多重视"健康"了。同时在消费的时候更要去寻找一种"原始"的乐趣，寻找大自然的感觉，也寻求私家会所的消费，寻找属于自己"专属"的空间。素食一词从 2006 年开始，在国内已经成为一种新的饮食潮流。

（九）节能、环保、生态、绿色、安全餐饮趋势

2009 年 5 月，国内明确规定在商业住宅楼下允许开设餐厅，并对餐厅环保要求和消防要求方面的标准更明确、更严格。经营一个餐厅除了能按规定的条件来经营，其长久生存的根本还在于对企业成本的控制；对产品的健康、对企业经营和安全，产品食品安全等主要因素越来越重视；一些"三低、两高、多素"（即低脂肪、低盐、低热量、无胆固醇，高蛋白、高纤维，多种维生素、微量元素、矿物质）的食品及天然野生菌类，绿色及黑色食品将成为人们饮食的首选。

（十）低碳环保将成为主流和新的利润源

在人力成本、原料成本、能源价格不断上涨、不可逆转的形势下，低碳餐饮成为一种新的经济增长方式，餐饮企业的利润在不断下滑，在市场竞争激烈的环境中，企业必须开拓新的利润增长点，开源节流势在必行。据统计，目前餐饮企业水电燃气费用约占企业营业收入的 2%~5%，如果能耗下降 10%~20%，就能极大提高餐饮企业盈利水平。目前，餐饮企业节能降耗还处于起始阶段，未来一定是大势所趋，能否抓住这一新的经济增长点对企业至关重要。

（十一）融资扩张已成为国内餐饮业发展新模式

2008 年以来的全球金融危机导致许多产业受到影响，而餐饮业作为与消费者天天见面、日日所需的一种消费行业，更受到了人们的喜爱，许多产业、加工生产型企业已投资开设餐厅或转型投资餐饮业态来增加企业抗风险因素。而目前国内优秀的餐饮企业已经开始提炼经营技术、申报餐饮专利、积淀品牌价值、整合上下游资源。融资扩张成了国内餐饮业的加速发展新模式，小肥羊、俏江南、老娘舅、味千拉面、宏状元等众餐饮业已吸纳资金，快速扩张，称得上是其中代表，许多企业看中这种快速发展的新模式，促

进了餐饮业企业的规模扩张。

（十二）餐饮营销、广告创意、另类营销、网络营销趋势

"同样的产品，卖出不同来"，就是需要营销和宣传，"酒香也怕巷子深"，而餐饮业产品的跟随和模仿性太快，这使很多餐饮品牌受损严重，如何在同样产品的经营过程中，树立自己独特的一面，营销或策划已成为餐饮经营的一个必修课。2008 年以来，电子移动餐饮、网上团购等均得到较快发展，更多的年轻消费者会在网上寻找一些特色、优惠的餐厅用餐，而餐厅也在网上宣传、营销。

（十三）科技电子产品盛行，餐饮经营数字化趋势

2009 年以来，人力资源的成本增加，人员难招，许多餐饮企业为了提高效率，节省人工成本，在经营上采取了电子菜单、电子点餐等服务手段，目前从点餐到菜单、数据统计、分析、网上营销等电子商务已成为大、中餐饮业很流行的一种趋势，这些新科技手段的采用，不仅有利于降低成本，同时也大大提高了传统菜品的出品速度。以后会有更多的中小餐厅引入电子商务技术，运用科技手段来运营，相信电子商务技术与餐厅已逐步融合。

第四节　我国餐饮业发展对策

一、指导思想和主要任务

（一）指导思想

以科学发展观为指导，坚持以人为本，根据《全国餐饮业发展规划纲要（2009~2013）》的要求，在传承、创新的基础上，大力发展大众化餐饮、绿色餐饮，统筹城乡餐饮发展，拓展现代经营方式，提高产业集聚度，逐步形成各类餐饮业态互补、相互渗透，高、中、低档餐饮协调发展，中外餐饮相互融合，区域餐饮特色鲜明，大众化餐饮较为普及的现代化餐饮发展新格局，不断满足人们日益增长的餐饮需求，为全面建设小康社会、构建和谐社会作贡献。

（二）主要任务

提高餐饮规范化水平。建立健全餐饮业标准体系，加大餐饮业行业标准的推广实施力度，全面提升行业标准化水平，有条件的要建立餐饮业标准化培训、推广、示范中心。建立健全餐饮企业信用体系，引导企业开展规范经营、诚信经营。严格餐饮企业采购环节管理，建立食品和原材料的采购追溯制度。规范餐饮市场秩序，重点加强卫生、质量等方面的规范化管理。建立健全企业、消费者、政府部门和新闻媒体"四位一体"的监督管理体系，促进餐饮业健康有序发展。

增强餐饮便利化功能。要将餐饮业统一纳入城市发展总体规划和城市商业网点规划，把发展大众化餐饮与城市改造和社区商业建设紧密结合起来，在新区建设和老城改造过程中，合理配置餐饮网点，完善服务功能，使大众化餐饮网点与社区居民需求相适应，具备条件的城市可集中建设餐饮美食街、餐饮特色街等大众化餐饮街区。

加快餐饮现代化步伐。大力推广现代管理模式；加快发展连锁经营、网络营销、集中采购、统一配送等现代流通方式；加快发展加盟连锁和特许连锁，积极引进世界知名的餐饮连锁公司，促进我国传统餐饮业的改造。大力发展特色餐饮、快餐送餐、餐饮食品等多种业态的连锁经营。培育一批跨区域、全国性的餐饮连锁示范企业。积极运用现代科学技术手段，鼓励引进先进的食品加工、制作和包装技术；加快餐饮业信息化步伐，推广建立餐饮呼叫中心，构建移动餐饮服务平台，提供快捷的电话订餐查询和订餐服务，在餐饮数据库、行业资讯、美食搜索、在线订餐、电子商务等方面提供现代化餐饮服务。

提升餐饮品牌化水平。鼓励创立餐饮品牌，实现企业发展多元化、系列化、功能化。以餐饮品牌带动相关产品或品种的开发与销售，以品牌信誉吸引外商投资，扩大生产规模，提高生产技术和经营管理水平，扩展经营领域。

推进餐饮产业化发展。积极实施餐饮产业聚集战略，加强纵向与横向的餐饮协作，鼓励资本运作，推进餐饮业集约化生产，通过大力发展餐饮业连锁经营、特许加盟店等形式，加快我国餐饮企业集团化、规模化步伐。

加快餐饮国际化进程。要把中国餐饮文化的优良传统与世界先进的餐饮文化结合起来，吸收国外先进的经营理念、先进技术，建设有中国特色的现代化餐饮，提升中餐国际竞争力。重点引导有实力、品牌效应好的中餐企业到国外开办餐馆，占领国际餐饮市场。

二、微观层面：新模式应对短板

1. 练好内功。适度更新经营理念，整合管理模式，活化流程创新，完善内部控制，合理布局设点，调整就餐环境，培训员工技能。

2. 调整市场定位。金融危机使一些原材料的价格降低，此时需要摸准市场的变化，采取反应速度最快、市场定位最准的手段对餐饮的原材料采购、售出菜品价格进行调整，以应对市场变化，获得顾客的认同，赢得顾客的喜爱，扩大顾客群体与市场规模。在残酷的经济冬眠期，企业集中所有优势，打造能够满足餐饮经营管理和生存需要的营销体系是餐饮企业安全度过冬眠期并且顽强生存下来的最佳选择。

3. 调整经营方向，拓展服务领域。在原来的经营主题上增加新的内容，不拘一格灵活调整经营方向，以潜移默化的形式渐进式完成，克服高端市场委靡的"口红"效应。

4. 细化管理制度。企业应促使各项管理更规范、更细致、更深入，使毛利率得以提高。

5. 努力开源节流。一方面，要增大对节假日的营销力度，翻修就餐环境，调整布局，优化企业。另一方面，节约能耗，树立全员节约意识，将各种物耗降到最低。

6. 强化安全意识。为贯彻即将实施的《食品安全法》，来自全国各地的近 300 家大型餐饮企业在北京共同签署了"依法诚信经营，确保食品安全共同宣言"。中国烹饪协会还成立专门机构，协助有关部门开展餐饮消费环节打击违法使用非食品物质和滥用食品添加剂的整治工作，以提升中国餐饮业总体水平。例如，建立食品留样 24 小时管理制度，并在小点菜卡上特别标注油盐味精等常用作料的"用量提示"。

7. 着力精细化、流程化、连锁规模化转型与改造。保留一定的资金实力，吸纳四方精英，为企业未来发展奠定坚实的基础。

三、宏观层面：治理与扶持结合，协调发展、落实政策措施

餐饮和住宿业在改革开放时作为接待外宾的重要场所，国家多个部门都对其制订了严格的政策进行管控，例如公安部门、消防部门、卫生部门等。但是随着当前餐饮和住宿业态的发展和客源市场的变化，今天的餐饮和住宿业已经与 30 年前的饭店业有着巨大的不同，同时目前的国内外环境也已经与当时有着天壤之别。随着餐饮和住宿业的发展，必然也会对政府的管制提出新的要求。从更有利于餐饮和住宿业发展的角度出发，政府相关部门应该根据形势的变化，审时度势，制定一套公开透明的运行规则，一套基于通用法律、保护市场有序运行、企业家的创新努力得到有效激励的管制体系。

（一）加强法规制度建设

加快制定餐饮业管理的国家级和地方性法规，建立健全行业法规体系。要制定餐饮业发展规划，并将其纳入城市商业网点规划。健全餐饮标准体系建设，尽快制定一些餐饮业国家标准和行业标准。加强餐饮业统计工作，建立统计调查体系，增强行业运行分析。开展餐饮创新理论研究，深入研究行业发展过程中面临的新情况、新问题，有针对性地提出解决的政策措施。

（二）政府部门形成合力

各地商务主管部门要加大协调力度，积极会同当地发改委、财政、税务、工商、质检、卫生、市政、交管等部门，研究制定促进餐饮发展的政策措施。要落实好餐饮企业在农副产品采购、吸纳下岗工人再就业和技术创新等方面的优惠政策；落实连锁经营企业实行总部统一办理工商注册登记、简化经营审批手续等政策；在用地选址、网点规划、工商登记、卫生监管、财政支持、税收优惠、减免收费以及便利运输等方面，为大众化餐饮经营企业创造良好条

件；要积极贯彻实施十七届三中全会确立的农民流转土地承包经营权制度，集中设立连片的餐饮基地，实现规模化的餐饮原辅料基地和产业化基地建设；要推动尽快将餐饮业与工业一视同仁，在水电气方面给予等价待遇；对大众化餐饮企业用水适用居民用水价格；通过建立重点餐饮企业联系制度，在舆论宣传、政策导向、市场开发、技术引进、扶持上市等方面予以帮助。

（三）加大投入支持力度

要积极运用财政政策和财政资金，支持全国性餐饮产业化基地、餐饮原料基地、餐饮工业化基地和餐饮人才基地的建设；支持餐饮企业技术创新，建设餐饮公共服务设施；支持以改善民生为核心的早餐工程、城市中心厨房建设，鼓励餐饮企业发展连锁经营，开展集中采购和统一配送。商务部将利用境外经贸合作区建设的有利条件和有关政策，根据合作区功能配套的需要，采取有效措施鼓励具备条件的餐饮企业到境外经贸合作区内建店设点，在为园区服务和累积经验的基础上，进一步拓展所在国餐饮服务市场。

积极支持符合条件的重点餐饮企业通过银行贷款、发行股票债券等多渠道筹措资金。支持符合条件的餐饮企业通过银行贷款、发行股票债券、上市融资等多渠道筹措资金。积极搭建中小餐饮企业融资平台，国家和地方的中小企业发展专项资金给予重点资助或贷款贴息补助。加大对粮油生产者和规模化养殖户的信贷支持力度，创新担保方式，扩大抵押品范围，强化餐饮产业链建设。

（四）加大宣传贯彻力度

"造势"与"兴市"相结合，加大餐饮舆论宣传，形成加快餐饮业特别是大众化餐饮发展的社会舆论氛围。一方面，介绍行业振兴先进单位的经验，恢复和增强消费信心；另一方面，广泛宣传节约型餐饮，倡导文明用餐方式，破除陈规陋习，引导科学饮食、健康消费。

加强餐饮标准和规范的贯彻落实。认真贯彻实施《早餐经营规范》等餐饮业国家标准和行业标准，进行贯标达标培训和检查验收。改善服务条件，消除卫生安全隐患，创造安全卫生的消费环境，提高消费者对于品牌企业的信任感，从制度上建立餐饮业、住宿业的安全卫生屏障。

支持企业开展促销活动，活跃市场。下半年是餐饮业、住宿业开拓市场的黄金季节，各地行业主管部门应积极引导企业抓住有利时机，开展多种形式促销活动，拓展服务领域（如送餐、外卖、露天经营、网上订餐、网上订房），提高服务质量和水平。

（五）充分发挥协会作用

充分发挥餐饮行业协会等中介组织的作用，支持行业协会在加强行业自律、维护企业利益、沟通行业信息、加强业务交流、推广先进技术以及人员培训等方面做好工作。

四、餐饮业发展重点

（一）着力发展大众化餐饮

大众化餐饮是指面向广大普通消费者，以消费便利快捷、营养卫生安全、价格经济实惠等为主要特点的现代餐饮服务形式。要以规划、标准和政策支持为保障，以实施早餐工程为突破口，以餐饮龙头企业为依托，以店铺式连锁经营为主体，送餐和流动销售为补充，加快推进大众化餐饮的规模化发展。要切实解决大众化餐饮企业的网点经营权和基础设施建设问题，引导和支持餐饮龙头企业整合现有资源，延展服务网络，实现加工配送中心或中心厨房的合理布局和服务功能的提升。充分发挥主食加工配送中心在解决大中城市早餐供应等大众化餐饮中的作用。

（二）建设餐饮产业化基地

鼓励建立餐饮产业化基地。餐饮龙头企业通过整合现有资源积极发展直营网点，或通过特许加盟方式开展规模化经营，实行统一生产、加工和配送，有条件的还可将业务延伸到餐饮原辅料种植基地建设。着力建设一批餐饮原辅料基地：

——长江中上游山野菜蔬基地：主要包括贵州、四川、重庆、湖南、湖北、江西等地；

——长江中下游河鲜基地：主要包括湖北、安徽、浙江、江苏、上海等地；

——黄河流域牲畜基地：主要包括内蒙古、甘肃、河北、山西、陕西、河南、山东等地；

——岭南地区家禽基地：主要包括广东、广西、海南、福建等地；

——西北清真食品原料基地：主要包括甘肃、青海、宁夏、新疆等地。

（三）加快推进餐饮工业化

加强餐饮工业化生产研发，把技术开发、技术创新与技术引进有机结合起来，不断提高中餐工业化水平。研制先进生产线，实现中式菜点成品和半成品工业化生产。积极发展中式快餐，走工厂化、标准化、连锁化、规模化和因地制宜的道路。鼓励发展便民利民的新型加工食品，引导大型餐饮企业建立中心厨房。重点建设上海市、常州市餐饮工业化基地。

（四）培育一批餐饮品牌

培育一批拥有自主知识产权和知名品牌、具有国际竞争力的大型餐饮企业集团。进一步推进餐饮企业等级划分工作，各中心城市要加快培育5~10个餐饮影响力大、带动性强的餐饮品牌。保护并弘扬老字号餐饮品牌，积极引导老字号开拓创新，融入现代消费理念，提升老字号整体形象。鼓励支持老字号餐饮企业开拓特许经营业务，进一步提高企业的知名度。开展多种形式的中餐企业国外巡回展，引导中餐企业加快"走出去"步伐。

（五）大力发展节约型餐饮

要在食品生产、流通、消费的各个环节，自觉以节能、节水、节材、节地和资源综合利用等为重点。加快推广厨房现场管理（6T管理）法；建立食堂、饭店等餐饮场所"绿色餐饮"文明规范；实施"绿色照明"工程，推广使用节能型设备，提倡用清洁能源代替污染能源；采用环保技术、进行清洁生产减少废弃物；大力开展餐厨垃圾的回收利用，发展节约型餐饮；减少使用一次性餐具和用具；对废品、废水包括泔水严加控制管理、防止污染；禁止使用保护动物、保护植物为原料，尽可能使用绿色原料，创办绿色餐厅；积极提倡分餐制。

（六）鼓励企业管理创新

鼓励餐饮企业进行产品创新。强化菜肴研究和服务研究，不断改进老品种，引进新品种，创名牌菜点，运用多种服务方式。加强成本管理，降低原材料进价，提高原材料利用率。建立绩效奖励机制，对管理业绩卓越的职业经理人、菜肴改革创新成功的厨师、顾客满意度很高的服务员予以奖励。

（七）加强人才基地建设

产学结合、校企结合，着力培养符合社会需求的高素质餐饮人才。积极发展烹饪中等职业教育和烹饪高等教育；加强餐饮培训工作，提高培训质量，规范职业资格认证。推广餐饮业职业经理人制度，开展餐饮业职业经理人认定和技能大赛等活动。鼓励建立餐饮人才培养基地，重点建设上海、武汉、合肥、长春、成都、济南等城市餐饮人才培训基地。

（八）做好中餐申遗工作

中华烹饪作为中华文化的重要组成部分，也是非物质文化遗产的重要载体。加强对"中华烹饪"文化要素、技艺的研究，积极向联合国教科文组织申报，加快将"中华烹饪"纳入世界非物质文化遗产的进程，在弘扬中华饮食文化的同时，增强群众对于餐饮文化从认知认同，到保护与支持的人和之力。

（九）重视清真餐饮及其文化的继承与发展

中国清真饮食具有较大的市场空间，从冰封雪域到沙漠绿洲，从黄土高原到塞上江南，涉及 10 个信仰伊斯兰教的民族，中国清真饮食文化拥有 1300 多年的历史。中国清真饮食文化"以养为本、以洁为要、以德为先"的核心思想，清真餐饮的民族文化渊源、民族特色美食、民族食俗、饮食禁忌、饮食养生等内容融汇于餐饮中，彰显了各民族的饮食文化特色；清真餐饮涉及 200 余种民族特色食品和 100 余种经典清真名菜、名小吃以及清真宴席，清真餐饮名店、名街、名人、名都和名乡，因此充分发掘清真餐饮及其文化具有重要意义。

第五节　加快餐饮业结构性调整

一、加快餐饮业结构调整

1. 产业结构调整。加快餐饮业内部结构调整，如中餐、中式快餐、西餐、西式快餐、火锅等结构调整，餐食与饮食的结构调整，餐饮与购物、娱乐业结构的调整等。

2. 业态结构调整。加快餐饮业态结构调整，如特色餐饮、主题餐饮、休闲餐饮、宾馆餐饮、主食厨房、社区早餐、高端餐饮、网络餐饮等结构调整。

3. 规模结构调整。加快餐饮企业规模结构调整，据调研，北京餐饮业呈现"捺形结构"，即特大型、大型、中型经济效益较好，小型的经济效益较差，需要提高餐饮业的规模结构。

4. 空间结构的调整。北京餐饮业在空间结构上呈现"2横、5纵、6圈"结构，随着社区的发展、地铁线的变化，需要不断地调整与完善。

二、转变餐饮业发展方式

1. 粗放经营向精细化发展转变。餐饮业由粗放式、模糊式、经验式经营向精细化、流程化、连锁规模化经营转型。

2. 由红海战略向蓝海战略转变。《蓝海战略》颠覆了传统战略思维，为企业超越乃至彻底摆脱竞争提供了一套系统性方法。企业要赢得明天，不能靠与对手竞争，而是要开创"蓝海"，即蕴涵庞大需求的新市场空间，以走上利润增长之路。开拓婚宴市场、寿宴市场、商务用餐新市场。

三、创新北京特色美食之都

1. 菜品/系。北京荟萃 8 大菜系、16 大帮别，交融中外餐饮，56 个民族，有热菜品种 6 万种，凉菜 1 万多种。在改革开放中，湖北的鄂菜、吉林的吉菜等许多新兴菜系出现，还有许多创新菜品的出笼，加上外国餐饮企业带来许多国外新菜品，因此，菜品是越来越多，特别是北京具有典型的包容性，许多菜系菜品均可以找到。

2. 服务。菜品本身就是实物+服务的体现，在提供餐饮品的过程中，同时也是餐饮服务的享受，于是就出现了许多服务。

3. 体验。菜品与服务及其体验活动构成现代餐饮商品。

4. 业态。一个餐饮企业采取多种业态组织形态已经成为常态，这是企业适应社会发展的必然趋势。

目前北京业态有美食餐饮、私房菜餐饮、主题餐饮、休闲餐饮、娱乐餐饮、自助餐饮、快餐、小吃、酒吧、咖啡吧、茶楼、流动餐饮、饭店餐饮以及餐饮街区、农家餐饮等 10 余种餐饮业态。

5. 经营。经营方式包括批发与零售、价格竞争与其他服务竞争、预购与赊销、现金消费与刷卡消费、积分消费与 VIP 消费等多种形式。还有单店经营与连锁经营，如直营连锁、特许连锁、自愿连锁等形式。

6. 管理。单店管理与连锁管理、直接管理、间接管理、委托与代理管理、软件管理等多种形式。

7. 技术。计算机与网络技术成为现代餐饮企业发展的重要支持，如《餐饮管理系统》、《酒店管理系统》、《浴神洗浴管理系统》、《无线餐饮通》、《餐饮管理系统》。《无线餐饮通》是基于目前最先进的 PDA（个人数字助理）技术、无线通信技术、计算机技术、网络技术、数据库技术研发而成。此外还有 RAT 采购技术在餐饮企业的应用。将对提高酒店餐饮业整体素质，加快运营速度，提高工作效率、管理水平、服务质量，改善经营服务条件，降低运营成本等方面发挥巨大的作用。

四、发掘餐饮业文化

1. 餐饮商品文化。餐饮企业卖商品、卖服务、卖消费方式，具体表现在以下几个方面：

（1）菜系文化。不同的菜系具有不同的文化。

（2）服务文化。服务文化具体表现为菜品艺术 + 人员的服务，如服务员演讲。

（3）酒文化。无酒不成筵是中国传统，也是中国正餐具体表现，这里表现出浓厚的酒文化。

（4）茶文化。逢筵必有茶是中国传统，茶文化是中国特色文化之一。

2. 营销文化。营销文化是在营销过程中表现出来的文化现象。

3. 环境文化。经营环境中表现出来的文化氛围。

4. 伦理道德文化。企业经营理念及其行为规范。

五、探索全产业链发展

探索餐饮业全产业链管理，最早是由中粮集团指出的，是指覆盖种植养殖、运输、仓储、生产、加工、分装和销售 7 大环节，而且在各产业链、7 大环节之间都存在资源共享、融会贯通。通过控制从农产品原料到终端消费品，包括种植、采购、贸易和物流、食品原料和饲料生产、养殖与肉类加工、食品加工、食品营销等多个环节，通过打造全产业链，对每一个环节进行有效控制，建立食品安全可追溯机制，才能从根本上保障食品安全。

这里的餐饮全产业链，是指种植养殖、运输、生产、加工、分装、销售、餐饮的 8 大过程，将餐饮生产、加工、消费增加在产业链中，并使餐饮加工成为其中增加附加价值的重要环节。当前具有探索案例的有：

1. 基地＋配送中心＋餐饮酒店。

2. 基地＋配送中心＋餐饮酒店＋美容美发美体＋洗浴洗染。

六、倡导绿色餐饮

餐饮过程中探索节能、环保、可再生资源等逆向物流，如节电、节汽、节水、节油、废弃物科学排放、再生资源再循环与利用等。应注意 6 大问题：

1. 餐饮服务环节是从农田到餐桌整个食品供应链的末端，种植、养殖、生产加工、市场流通等各环节存在的风险都可能在餐饮服务环节爆发，可能会酿成食品安全的事件，每个环节存在的风险都可能最后体现到餐饮服务的末端。

2. 餐饮业经营类别广泛、准入门槛低，经营网点多，而且量大，水平参差不齐，无照经营现象十分突出。

3. 涉及青少年和农民工身心健康的学校、工地食堂的食品安全管理还比较薄弱，一旦出现食品安全事件，其影响重大。

4. 我国有大量的传染病病原携带者，餐具消毒不当将导致极大的传播隐患。

5. 由于内地消费水平总体偏低，尤其是经济欠发达地区、农村地区，价廉是消费者消费首先考虑的因素，所以使得大排档、小餐馆有相当大市场。

6. 公众的食品消费意识有待提高，欠发达地区问题尤为突出。

七、探索多渠道融资

我国餐饮企业应探索上市、债券、基金、风投、贷款等多渠道融资方式，建立现代企业制度，促进企业规范有序地发展。

八、加快企业商学院建设

我国现有 480 万户餐饮企业，拥有 2200 万人的餐饮工作队伍，需要加快进行培养与提高，进行岗前培训、转岗培训、在岗培训，探索全程培训、终身培训，形成一个人才培养、使用、激励的人才机制。

第二章　我国住宿业体系

第一节　住宿业及其发展

住宿业是指有偿为顾客提供短暂住宿的服务活动，不包括提供长期住宿场所的活动（如出租房屋、公寓等）。住宿业既与居民生活密切相关，又是提升旅游经济、对外开放的重要窗口，劳动密集型特点显著，带动就业作用明显。

一、住宿业的发展见证了中国经济的发展

虽然我国住宿业较早就有了客栈等形式，但是现代住宿业的历史并不太长。中国酒店业的发展集中体现了我国经济的发展，它也是中国经济的见证者。据统计，北京饭店是新中国成立以来于1954年建成的第一家酒店，当时主要用来招待外国知名人士、商人和记者。"星级酒店"是在1978年改革开放初期引入中国的。

20世纪80年代，是我国酒店行业发展的初级阶段，绝大多数酒店都是由中国人自己管理，而这些管理者也是在摸索着前进。直到1988年，为了规范和提高酒店行业的设施和服务水平，国家旅游局颁布了"星级酒店评定标准"，各个酒店也按照这个标准被划

分为不同的等级。至此，中国的酒店行业又迈入了一个新的阶段。

二、住宿业是向人们提供休息与享受环境的服务基地

现代社会中，人们的外出活动不再局限于维持生活的工作，也包括追求享受的消费。住宿业意味着为人们的外出活动提供了临时住所，它是向外出活动的人们提供休息与享受环境的服务基地。住宿业借助其设施设备及场所为临时住宿的客人提供满意的服务。高水平的住宿业可以提高人民生活质量。住宿业的功能分为保障常规生活消费需求的安全（生命和财产）、住宿、饮食三项基本功能和满足高级享受需求的社交、购物、康乐等递补功能，逐步提高住宿业的档次标准。

随着公务差旅和旅游市场的大大发展也提高和加大了社会对住宿业的需求，促使住宿业的自身建设日趋合理、完善。为此，增添能够满足客人消费需求的设施及服务项目已成为住宿业发展的目标。现代化的住宿业正逐步转变为向全社会提供综合服务的消费活动场所。

三、住宿业为社会提供社交活动的环境

日益提高的社会需求拓宽了住宿业的客源市场，现代住宿业的接待对象不再局限于外来旅行者，它大致可以分为三类消费者：一是特殊旅行者（包括公务、商务、会议等旅行者）；二是纯粹旅游者；三是当地居民。

城市人们的活动空间不再能满足人们家访式社交与聚会，在各种公共场合中，住宿业因具有种类齐全的综合服务设施与场地而成为人们最理想的社交活动环境。住宿业的前厅、会客厅、宴会厅、餐厅、歌舞厅、咖啡厅、酒吧等都以不同风格向客人展现着惬意的社交活动范围。选择这些场所举行会议、会谈、会餐、结婚庆典等

具有工作性质或私人联谊交往性质的活动已成为当今的普遍现象。这种兼带享受服务的社会环境被社会认可后，住宿业的经营范围就被进一步打开。

四、住宿业是旅游经济发展的重要支柱

住宿业对促进旅游事业发展起着不可低估的作用，它因在直接创造旅游总收入中占有很大比例而成为旅游业的重要部门。据统计，住宿业可以将占30%以上旅游总消费转化为自己的收入。据统计，2004年全国共有旅游饭店12244家，尽管在住宿企业中占31.2%，但从业人数和营业额分别占住宿企业的66.6%和78.3%，比一般饭店高出36.8和59.2个百分点。2005~2008年，随着我国对外开放的全面敞开，旅游行业的迅猛发展，住宿业的国际旅游收入也是呈现逐年上涨、节节攀高的态势（见图2-1）。

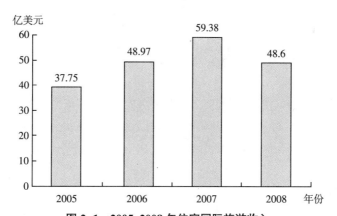

图2-1 2005~2008年住宿国际旅游收入

资料来源：根据国家统计局数据整理。

五、住宿业是国民经济行业的重要组成部分

住宿业是国民经济的重要组成部分，也是我国吸纳劳动力就业

的主要渠道之一。据统计，每年吸纳从业人员 20 万人，全行业从业人员近 700 万人，其中 2008 年全国限额以上住宿业企业年末从业人员数 199.87 万人。住宿业向社会提供的主要产品是服务，而服务部门与物质生产部门的最大区别在于它提供的是非物质产成品的活劳动。住宿业全方位地满足旅行者临时生活需求和差异化服务劳动，因此住宿业需要大量的就业人员。

据世界旅游组织对住宿业就业状况分析：亚太地区住宿业客房数量与就业人数的比例大致为 1:1.5（住宿业等级、服务项目、设施的区别会影响员工与客房比例关系的调整）。此外，住宿业还促进社会其他行业招收 2.5 人为其客人进行物质生产或提供其他劳动。

第二节　住宿业现状与成绩

一、总体发展逐年向上

强劲的住宿、餐饮消费，对经济增长做出了积极的贡献。营业额的快速增长，对经济发展的推动作用增强（见图 2-2、图 2-3）。据统计，2008 年我国住宿和餐饮业增加值为 15404 亿元，占 GDP 的比重为 5.12%，占第三产业增加值的 12.78%。住宿业的快速发展，对服务城乡经济、壮大第三产业起到了积极的促进作用。

至今，我国住宿机构已超过 30 万家，星级饭店已超过 15000 家。2008 年全国限额以上住宿业企业年末从业人员 199.87 万人。2005~2009 年，全国住宿业的经营情况良好，营业额和客房收入均保持逐年增长的态势。

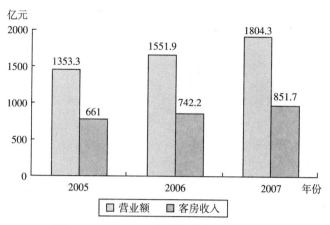

图 2-2　2005~2007 年星级住宿业经营情况

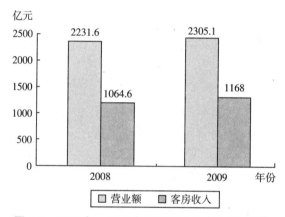

图 2-3　2008 年、2009 年限额以上住宿业经营情况

　　2008 年，全国按拥有住宿业企业数量进行排列，位居全国前八名的地区是：①广东 1487 个；②北京 1230 个；③浙江 1158 个；④江苏 1026 个；⑤河南 901 个；⑥山东 864 个；⑦湖南 662 个；⑧上海 633 个（见图 2-4）。

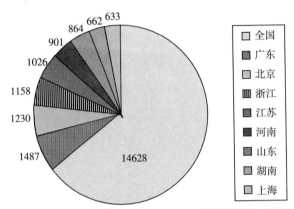

图2-4 2008年住宿业企业全国前八名数量分布（个）

资料来源：根据国家统计局数据整理。

二、星级饭店经营良好

2008年年末，全国共有星级饭店14099家，比上年年末增加516家，增长3.8%；拥有客房159.14万间，比上年年末增加1.76万间，增长1.1%；拥有床位293.48万张，比上年年末减少3.47万张，下降1.2%。

按饭店规模大小划分的情况是：①客房数在500间以上的饭店129座，共有8.84万间客房，占全国星级饭店客房总数的5.6%；②客房数在300~499间的饭店558座，共有20.48万间客房，占全国星级饭店客房总数的12.9%；③客房数在200~299间的饭店1135座，共有27.17万间客房，占全国星级饭店客房总数的17.1%；④客房数在100~199间的饭店4206座，共有57.04万间客房，占全国星级饭店客房总数的35.8%；⑤客房数在100间以下的饭店8071座，共有45.59万间客房，占全国星级饭店客房总数的28.6%。

按星级划分，截至2008年年底，全国共有五星级饭店432座，共有15.69万间客房，占全国星级饭店客房总数的9.9%；四星级饭店1821座，共有36.96万间客房，占全国星级饭店客房总数的23.2%；三星级饭店5712座，共有64.70万间客房，占全国星级饭店客房总数的 40.7%；二星级饭店 5616 座，共有 39.15 万间客房，占全国星级饭店客房总数的 24.6%；一星级饭店 518 座，共有 2.64 万间客房，占全国星级饭店客房总数的 1.7%。

全国按拥有星级饭店的数量排列，位居全国前十名的地区是：①广东 1126 座；②浙江 1118 座；③云南 904 座；④江苏 895 座；⑤北京 836 座；⑥山东 810 座；⑦湖北 597 座；⑧湖南 569 座；⑨辽宁 551 座；⑩四川 532 座。按拥有星级饭店的客房间数排列，位居全国前十名的地区是：①北京 13.41 万间；②浙江 13.41 万间；③广东 12.73 万间；④山东 9.99 万间；⑤江苏 9.69 万间；⑥云南 7.71 万间；⑦辽宁 6.15 万间；⑧上海 6.13 万间；⑨湖南 5.97 万间；⑩河南 5.79 万间。

2008 年，全国星级饭店共上缴营业税金 118.33 亿元；全国星级饭店拥有员工 166.92 万人；全国星级饭店的全员劳动生产率为 10.56 万元/人，比上年增加 0.69 万元/人。全国星级饭店平均客房出租率为 58.30%，比上年下降 2.66 个百分点。

对于星级饭店而言，由于有着坚实的内在市场作为基础，适合国民大众旅行住宿需求的投资和运营前景仍旧看好。

三、经济酒店发展迅猛

随着商务活动的频繁化、旅游活动的大众化、休闲活动的普遍化以及会展的国际化，我国住宿市场尤其是符合大众需求的经济型饭店供求出现较大缺口，以此为契机，促发了不同档次的经济型饭店迅速发展。中国饭店协会对经济型饭店调查结果显示，截止到 2009 年年底，中国住宿业市场上共有现代意义上的经济型饭店连锁品牌已接近 100 家，开业酒店数达到 3757 家，开业客房数 412840 间，如家、锦江之星等民族品牌占据较强的主导地位（见图 2-5）。

在国内品牌中，2009 年第 4 季度，如家的市场份额仍然稳居第一，开业酒店数达到 621 家，比 2008 年同期增加 154 家，客房数

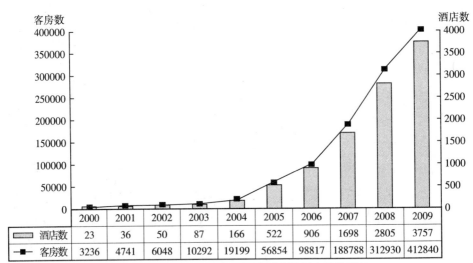

	2000	2001	2002	2003	2004	2005	2006	2007	2008	2009
酒店数	23	36	50	87	166	522	906	1698	2805	3757
客房数	3236	4741	6048	10292	19199	56854	98817	188788	312930	412840

图 2-5　2000~2009 年全国经济型连锁酒店规模增长

资料来源：盈蝶咨询机构。

达到 71407 间，比上年同期增加 29.95%，占整个经济型酒店市场总量的 17.30%。市场占有率位居第二的是锦江之星，第 4 季度开业酒店数达到 332 家，比上年同期增加 94 家，客房数达到 43943 间，比上年同期增加 33.83%，占整个经济型酒店市场份额的 10.64%（见图 2-6）。

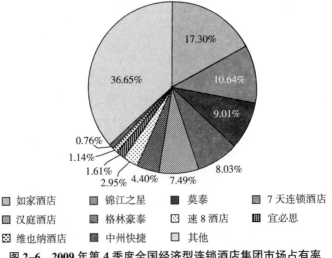

图 2-6　2009 年第 4 季度全国经济型连锁酒店集团市场占有率

资料来源：盈蝶咨询机构。

四、经营业态不断创新

住宿业市场为满足不断变化的客户需求，住宿业新品牌和新业态进一步细分化、主题化和创新化。

近年来，观光饭店、商务酒店、公寓酒店、度假酒店、会议酒店、乡村酒店等均获得较快发展。业态创新沿袭着向高端和低端两方面突破的趋势。定位于奢华消费和小众市场的精品饭店不断出现，如上海外滩88号、璞邸等酒店，并取得了很好的市场反响。而家庭旅馆、乡村客栈、青年旅馆、骑车旅馆、农家乐等满足于低端消费市场的新兴业态也开始有了成功的尝试。如"杭州我的客栈"等连锁品牌开始进入100元以下的住宿消费市场。在过去几年一直保持高速发展的经济型饭店同样保持良好的经营绩效和创新势头。与之相比，传统的三星、四星酒店在市场表现上要略逊一筹。住宿行业新的品牌不断涌现，值得关注的是，一批在区域市场取得成功尝试的饭店品牌开始向全国市场突破，如深圳的山水时尚、木棉花等酒店品牌。

环保与低碳经济正受到人们的广泛关注，注重环保、厉行节约、关注健康的绿色经营理念已经在住宿企业的管理中显现。2003年，国家颁布了《绿色饭店等级评定规定》行业标准。据中国饭店协会统计，目前，依据绿色饭店行业标准认定的绿色饭店已达300家，包括北京饭店、深圳圣廷苑、海南博鳌大酒店在内的一大批国内顶级饭店挂上了5A级绿色饭店的标志。

在我国建设资源节约型和环境友好型社会的倡导下，一些住宿企业尤其是大中城市的饭店或集团已经开始争创绿色饭店，将创建绿色饭店作为企业降低成本、增加客源的重要途径。例如，首旅建国集团旗下位于北京的13家中高档饭店签署了《绿色行动宣言》，通过使用高新技术和先进设备，实施水资源循环利用，减少废弃物排放等措施，致力于创建绿色饭店。同时，北京、上海等城市的部分宾馆饭店，对六小件已经不列入常规供应物品，而是根据宾客的需要进行有选择性地提供。这些绿色经营措施为企业缩减了能源成本，带来了可观的经济利益。

住宿业态根据目标客源的需求不同，商务部组织中国饭店协会起草了国家标准《住宿业态分类》，住宿业态可分为政（公）务饭店、商务饭店、度假饭店、会议饭店、旅游饭店、主题饭店、精品饭店、交通饭店、长住饭店（公寓）、家庭饭店（旅馆）十大类。上述十大类住宿业态根据经营档次的不同，可分为超豪华型饭店、豪华型饭店、中档型饭店、经济型饭店、超经济型饭店五类。总之，我国住宿业的经营方式将继续朝着多元化和标准化的方向发展。

五、连锁经营进程加快

以连锁酒店为代表的现代经营方式在经济型酒店的发展中表现明显。如在经济型酒店中，仅仅 2009 年第 4 季度，经济型酒店市场占有率第一的如家酒店开业数达到 621 家，比 2008 年同期增加 154 家；经济型酒店市场占有率第五的汉庭酒店开业数达到 264 家，比去年同期增加 82 家。

随着劳动力成本、原材料成本和能源成本的不断提高，饭店企业整体经营成本与费用在年度内也达到了 10%~20% 的提升。同时，随着以携程、艺龙、芒果为代表的渠道商在单体饭店销售额中所占比重日益提升，饭店企业营业额中的很大部分要与销售渠道进行分割，因此单体酒店整体利润率在年内呈现显著下降。随着市场竞争的加剧，品牌连锁由于具有规模经济和品牌效益的优势，更加受到饭店企业的关注。不仅新进入者很多是以连锁的经营方式进入，原有单体酒店业也在寻找和建立自身的销售、供应、物流网络与联盟。

六、投资主体结构多元

随着改革开放的进一步深化，我国经济发展水平和社会文化生活水平不断提高，加上旅游、会展业强有力地支持和促进，以及国内外同业竞争的加剧，加快了我国住宿业专业化分工的步伐，各种投资主体纷纷涉足住宿业。我国住宿业投资主体中，国有资本比重逐年降低，民营资本、国外资本比重增加，已由单一的国有经济发展成为包含集体经济、外资、股份制、民营等多种经济类型，呈现出多元化、国际化特点。

以星级饭店为例，截至 2008 年，全国星级饭店的构成情况，按注册登记类型划分，在全国 14099 座星级饭店中，国有饭店为 5686 座，占全国星级饭店总数的 40.3%；集体饭店为 872 座，占 6.2%；港澳台投资饭店为 339 座，占 2.4%；外商投资饭店为 222 座，占 1.6%。以上四种注册登记类型的饭店，共占全部饭店的 50.5%。此外，联营、股份制、私营等其他注册登记类型的饭店共有 6980 座，占全部星级饭店总数的 49.5%。

民营资本对住宿业的投资增长趋势在经济发达地区尤其明显。在广东东莞地区，许多优秀民营企业纷纷涉足饭店业，如中国房地产品牌企业五十强之一的浙江开元集团、中国五百强中的浙江吉利与雅戈尔集团等。同时，国外资本也在以新建、购并、合作、品牌输出等各种形式进入我国住宿业。例如，香格里拉目前在中国市场上已有 44 家酒店（香港、台湾各 2 家，澳门 1 家），商贸饭店 6 家，IHG 洲际酒店集团在中国的酒店数已达到 48 家，计划通过扩张增加一倍。

第三节 我国住宿业存在的问题与困难

一、高星级饭店多，中低档酒店少

当前住宿业存在行业发展缺乏统筹规划，高中低档业态比例不合理；行业集中度偏低，难以形成规模效应。

由于高星级饭店的综合效益较高，同时由于一大批国外知名饭店集团和饭店管理集团的进入，使我国饭店业的发展始终集中在高星级饭店的建设和改造方面。近年来，随着经济生活的多元化，人们外出旅游和公务出行的机会越来越多，对大众型、经济型的酒店需求越来越迫切。经济型酒店的崛起，一方面满足了人们对旅游饭店档次、服务水平、性价比的要求；另一方面填补了中档旅游饭店市场的空白，因此得以迅猛发展。到 2007 年，中国经济型饭店前 10 强企业已开店数量达到 1080 家，客房数 135896 间。但与高档饭店数量相比，差距仍较大。以社会旅馆为代表的低档饭店的发展，仍处于缓慢增长状态，虽然近年来在硬件设施和管理水平方面都有了很大提高，但是增长速度和规模都无法与高档饭店和经济型饭店相比，在一定程度上还存在缩减规模或经营不善等情况，这与市场需求存在较大差距。据统计，2007 年北京房间数在 50 间以下，日收费在 50 元以下的低档饭店占到整个北京住宿业市场的 32%，也就是说低档饭店有着巨大的客源市场需求和潜力。因此，提升中低档饭店的服务水平和档次，是旅游饭店业面临的重要任务。

二、同质化严重，细分市场不明确

由于长期以来，旅游饭店过多关注眼前与局部利益，加上缺乏政府和行业组织之间的有效监管和合理规划，使得饭店经营范围集中于"吃、住"基本阶段，市场定位不明确，没有形成各自的特色，同质化现象严重；同质化导致各个微观经济主体被动接受市场价格，提高企业效益只能依靠降低价格，别无他法。这样就导致相互之间为了各自利益，相互压价、削价，进而陷入恶性竞争的泥潭。同时，随着卖方市场向买方市场的转变，顾客偏好的改变，对个性化、特色化需求的增加，使得同质化不能满足其有效需求，必然引起顾客群的消失，致使整个行业利益受损。

旅游饭店业虽然经历了 30 年的迅速发展，但是大多数饭店企业，尤其是一些国内自创品牌饭店，没有明确的发展理念，缺乏有效的市场调研，其产品的开发依旧停留在过去的模式上，市场定位模糊。由于没有形成自己特定的目标市场，或者对目标市场的细分工作不够细致，产品设计没有层次，导致市场重叠或者过于宽泛，缺乏针对不同细分市场的产品和服务，也就不可能形成自己的特色。

三、集团化程度不高，民族品牌知名度低

饭店集团化是企业在市场竞争中的必然趋势，然而与国际著名饭店集团相比，我国饭店集团多是靠行政划拨，政府推动而形成的，缺乏以真正的市场为纽带而形成的饭店集团，而且其档次参差不齐，不能实现集团内部各个环节的协调运作，也就不能实现规模效应；同时，由于集团化发展速度缓慢，现有饭店集团市场占有率低，缺乏竞争力，未能形成规模经济。截至 2008 年年底，全国15000 多家星级饭店中，实行集团化管理的仅有 4167 家。中国饭店市场上共有国内外饭店管理公司 316 家，托管饭店 4167 家（其中经

济型饭店 567 家），连锁化经营饭店 3600 家，仅占星级饭店的 1/4 。

品牌是一个企业的无形产品。顾客的品牌忠诚度对于饭店具有重要的作用。在竞争日益加剧的全球化进程中，旅游饭店要在市场上立足，就必须拥有自己的品牌，培养品牌在顾客中的忠诚度。只有这样，才能在危机中突出重围，实现跳跃式发展。目前，国内虽然已经出现了一些具有一定知名度的民族化饭店集团品牌（如锦江饭店集团），但这些民族品牌与国外品牌相比，在知名度、无形资产价值、扩张程度、市场竞争力等方面均存在巨大的差距。目前，在中国饭店业集团 20 强排名中，有 12 家是国外著名品牌饭店集团，仅有 8 家是中国本土品牌的饭店集团（根据《中国旅游统计年鉴》（2007）整理而得）。因此，在国际知名饭店集团大举进入中国市场，并不断增强其品牌渗透力的背景下，中国饭店集团如何加快品牌建设与管理，树立企业形象，扩大市场影响力等将越发重要。

四、经营管理水平差距过大，专业人才匮乏

目前，国内旅游饭店业虽然在管理、经营、营销、人才培训和服务等方面积累了一些经验，但是与国外同行相比，在成本控制、服务质量、培训机制、物流配送等方面，仍然需要继续强化和改进。另外，不同档次饭店的管理水平差距较大，由于中、高档饭店的经营者拥有较雄厚的资金和人力资源，加上有利的区位优势，其经营管理水平较高；而低档次的饭店经营者由于其自身文化素质较低，在经营理念、市场运作方面缺乏经验，加上人力和资金有限，制约了其经营管理水平的进一步提高。

饭店是服务性的行业，行业特性要求其员工提供优质高效的服务，如果没有优秀的员工，就不可能提供令顾客满意的服务，企业也就不可能发展壮大。然而，由于以往的饭店人才多是按照高档饭店的服务规范培养的，无法适应经济型酒店和低档饭店一人多岗、一职多能的技能要求，导致旅游饭店业在各个层次上都面临人才供

应不足的局面。同时，虽然一些企业开始认识到一线员工在服务性行业中所起的重要作用，但是由于受传统因素的影响，人力资源管理在饭店企业管理中仍是一个薄弱环节，这些员工在实际的工作中往往遭受鄙视，其价值也被低估，甚至一些管理者认为这些员工可以随时被替换。由于不注重员工的培训，不能有效激励员工，也就不可能吸引一些懂外语、懂法律、懂管理、懂财务的经营管理人才，这在一定程度上阻碍了我国旅游饭店业的发展。

第四节　完善我国住宿业发展的政策建议

2010 年 3 月，商务部出台了《关于加快住宿业发展的指导意见》，表示将加快促进住宿业转型升级，全面提升住宿业服务水平和国际竞争力，并鼓励大力发展经济型酒店。

《意见》提出，要以满足顾客需求为导向，以提升饭店服务质量为核心，以品牌化、连锁化、便利化经营为重点，力争到 2012 年实现住宿业营业额年均增长 10%以上，全行业节水节电 20%，每年新增就业 30 万人。并大力发展经济型酒店，创建"绿色饭店"，逐步形成一批年营业收入超过百亿元的大型饭店企业集团和超过 10 亿元的特色饭店企业。

住宿业既与居民生活密切相关，又是对外开放的重要窗口，劳动密集型特点显著，带动就业作用明显。为适应新形势下保增长、扩需求、调结构的要求，全面提升住宿业服务质量，推动住宿业转型升级，现提出以下意见：

一、提高认识，明确发展目标

改革开放以来，我国住宿业得到快速发展，并带动商务、旅游、会展、建筑等相关产业发展。截至 2008 年年底，全国住宿企业从 1978 年的不足 3 万家增至 28.2 万家，增长了 9 倍，实现营业额近 4620 亿元，占当年社会消费品零售总额的 4.26%。与此同时，住宿业在发展过程中也出现一些新问题，突出表现为：行业发展缺乏统筹规划，高、中、低档业态比例不合理；行业集中度偏低，难以形成规模效应；从业人员专业技能有待提高；地方行业协会尚不健全，行业自律有待加强，服务规范化水平需要提升。

加快住宿业科学发展，必须以科学发展观为指导，坚持以人为本，以满足顾客需求为导向，以提升饭店服务质量为核心，以品牌化、连锁化、便利化经营为重点，加快促进住宿业转型升级，优化行业结构，提高行业集中度，全面提升住宿业服务水平和国际竞争力。力争到 2012 年实现住宿业营业额年均增长 10%以上，全行业节水节电 20%，每年新增就业 30 万人；大力发展经济型酒店，创建"绿色饭店"，逐步形成一批年营业收入超过百亿元的大型饭店企业集团和超过 10 亿元的特色饭店企业；住宿业服务环境更加和谐，顾客满意度稳步提升。

二、科学规划，优化住宿业结构

要科学制定各地住宿业发展规划，及时发布住宿业市场信息和行业发展报告，引导住宿业结构不断调整优化。要将住宿业发展纳入城市及服务业发展总体规划，明确发展重点，优化酒店布局，引导住宿业有序发展。坚持以市场为导向，大力支持大众化产品开发，积极发展经济型酒店、民俗酒店、"农家乐"、家庭旅馆等，更好地满足中低收入群体的住宿需求。依托当地住宿行业协会组织，建立住宿业景气指数发布制度，内容包括企业总数、房间总数、房间入住率、客房平均销售价格等，引导住宿行业结构调整。

三、发展经济型酒店，推动住宿业连锁化经营

发展经济型酒店是推动传统旅馆业态转型升级、加速住宿业结构调整和满足广大群众便利、安全、卫生、舒适等基本住宿需求的主要途径。要坚持存量转化和集约发展原则，突破区域和行业界限，加快资源整合，促进经济型酒店品牌化和连锁化发展。积极推动国有中小型住宿企业改制，鼓励和支持民营资本、外资等参与国有中小型住宿企业的改革，实现投资主体多元化。各地商务主管部门要认真贯彻《经济型饭店经营规范》国家行业标准，规范经济型酒店的发展，提高服务管理水平。力争用两到三年时间，将我国经济型酒店比重由现在的不足 10%提高到 20%左右。

四、创建"绿色饭店"，推进住宿业节能环保

要把创建"绿色饭店"作为转变发展方式的重要抓手，做好《绿色饭店》国家标准的宣传贯彻工作。全国"绿色饭店"工作委员会要加强指导，组织企业开展经验交流，把创建工作引向深入。各地要尽快建立地方"绿色饭店"指导机构，积极协调财政、税务等部门制定鼓励和优惠政策，支持"绿色饭店"的创建与发展。同时，要引导住宿企业把节水、节电、节气、安全、环保作为重要发展途径，大力强化内部管理和挖潜，广泛运用安全系数高、应用效果好、质量可靠的节能减排技术，提高新能源、新材料和新节能设备的采用率和推广度，特别要做好节能潜力较大的空调、电梯、照明等设备的更新换代。积极发展循环经济，实施高效照明改造，减少温室气体排放，实现垃圾、污水减量化和无害化处理，引导行业走低碳化发展之路。

五、培育自主品牌，延伸产业链

引导并支持在经营规模和效益方面位居行业前列、竞争优势明显、品牌影响力强、经营网络覆盖面广的住宿企业集团做大做强，创新发展。通过举办全国以及国际性住宿业会展活动，借鉴先进管理经验，开发具有知识产权的宾馆饭店专用产品，培育一批特色宾馆品牌。大力开展饭店优质服务示范企业创建活动，培育一批品牌饭店企业、优秀企业家，扩大品牌示范和带动效应。支持品牌饭店企业做强宾馆餐饮服务、婚庆服务、会议服务，发展宾馆饭店专用产品基地、优质原辅材料基地，积极推进住宿业与文化、体育、旅游、会展等相关产业融合，加快产业化发展步伐。

六、改进完善服务，拓宽营销方式

改善内外部环境，增加服务项目，完善服务质量管理体系，保证顾客住宿消费安全、卫生、便利、舒适，充分拓展中低收入群体消费需求，促进旅游住宿消费、休闲度假消费、节假日消费、"农家乐"消费。以大型展会为平台，吸引国内外客商，培育新型和综合性消费模式，扩大住宿消费。以顾客满意度为基准，以个性化服务为方向，进一步开发服务项目，创新服务方式，针对不同地区、不同季节采取差异化促销措施，实现淡旺时段协调发展。积极发展在线服务、网络预订、网上支付、自助订房结算等网络营销方式，逐步扩大网络预订、手机预订，降低交易成本，引导市场不同层次的消费选择，密切供需对接，便利居民消费。

七、加快法规标准建设，规范住宿业发展

建立健全国家标准、行业标准、地方标准、企业标准相互衔接

的饭店业标准化体系，加快推进相关法规建设，保障市场有序竞争和健康发展。加快出台《饭店业服务质量评价体系》、《温泉度假酒店经营服务规范》等系列标准。切实做好已颁布标准的宣传贯彻工作，使《绿色饭店》、《经济型饭店经营服务规范》、《农家乐经营服务规范》等国家和行业标准真正发挥出应有的引导、规范作用。加强信用体系建设，推行信用分类管理，建立饭店和供应商信用评价和发布制度，规范饭店企业服务行为。

八、加强人才培养和信息化建设，增强住宿业发展动力

坚持以就业为导向，充分发挥全国饭店院校（系）的作用，加快建设饭店人才培训基地，优化学科设置，提高饭店经营管理人才培养质量。按照《饭店业职业经理人资格条件》国家标准和《饭店业星级服务人员资格条件》等行业标准，完善饭店执业资格认证体系，提高饭店执业资格水平。各地要引导当地住宿业协会组织及时发布行业发展动态，制订全国饭店业培训计划，提升从业人员素质；举办全国饭店业技能大赛，培育一批专业型管理人才。同时，要积极采用互联网、移动通信、电子商务等现代技术，完善饭店信息化体系，实现饭店信息资源共享。促进住宿企业逐步实现智能化管理，统一标准，推动内部管理专业软件的开发利用，全面提升饭店企业的信息化服务水平。

九、发挥协会作用，加强行业自律

各地商务主管部门要充分发挥协会作用，委托并支持协会开展标准制定、资质认定、培训教育、展示交流、信息统计、技能比赛等工作。对协会为扩大就业和再就业所开展的职工技能岗前培训、在职继续教育培训等工作给予支持。各地要建立健全住宿业协会，引导其在沟通政府与企业、规范行业行为、反映企业诉求，加强行

业自律等方面发挥更大作用。引导住宿企业以住宿设施安全、餐饮食品安全为重点，严格安全标准，完善安全设施，落实安全责任，消除安全隐患。

十、完善和落实相关政策，营造良好发展环境

各地商务主管部门要积极争取当地政府及有关部门对住宿业，特别是经济型连锁酒店和"绿色饭店"发展提供必要的支持，将"绿色饭店"纳入"节能减排"优惠政策覆盖范围，对广泛采用环保技术和节能产品的经济型连锁酒店、"绿色饭店"企业，要协调财政、税务等部门给予贷款贴息或一次性财政补贴等政策支持。各地要加强部门协调，尽快落实国务院关于服务业包括住宿企业用水、电、气与一般工业企业同等价格政策，减轻企业负担，促进企业发展。

第三章　我国美容美发业体系

第一节　美容美发业概况

一、我国美容美发业发展的背景

当今世界已进入服务经济时代，我国服务业目前正进入快速发展时期，这与我国经济社会的发展阶段密切相关。在未来几年中，我国服务消费比重将明显上升，恩格尔系数将继续下降。2008 年我国居民人均 GDP 已经达到 3266.8 美元，2009 年我国人均 GDP 已近4000 美元，2010 年我国人均 GDP 超过 4000 美元，北京、上海、广州、深圳已经超过 1 万美元。按照国际经验，人均 GDP 在 1000~3000 美元恰恰是居民消费结构发生转变的重要时期，居民用于吃、穿的费用占总消费支出的比例明显下降，用于住、行和文化娱乐等消费支出比例总体显著上升，居民消费水平和消费结构步入一个新的发展阶段，消费形式由单一的物质型消费向物质加服务型消费转变，作为发展型、享乐型的服务消费逐渐被越来越多的人所接受，居民服务消费快速增长。

在服务消费中，人们越来越注重形象和健康方面的需求，所以医疗保健、美容健身等服务支出比重逐年增多。随着居民收入的不断增加，居民追求高品质生活的愿望不断提高，居民生活服务的社会化程度将进一步提高。当人们满足了生理和安全的需要之后，就会专注于美丽的需要。正是因为人们对美的渴望以及对健康的追求，以美容美发化妆为代表的"美丽经济"显示出诱人的经济发展前景。

"美丽经济"可以带来价值和利润。但当美丽一旦成为口号和谎言，泡沫危机已在遥遥相望。广告欺诈、合同欺诈、价格欺诈、包装欺诈、营业推广欺诈等美容美发行业暴露出的种种恶习已影响了"美丽经济"的"美"，严重扰乱了美容美发业发展的正常秩序，致使消费者对美容美发业的信任度越来越低。据 2010 年中国消费者保障协会统计数据显示，美容美发业投诉已经位居消费者投诉热点 10 大排行榜的前列。[①] 我国整容整形业兴起近 10 年间，已有 20 万张脸被毁。美容美发机构水平参差不齐，从业人员的受教育程度及素质较低，入行门槛低，行业经营不规范等因素在一定程度上导致了这一切的发生。

二、"美丽经济"客观必然性

随着人们生活水平的提高和生活理念的更新，人们在美容美发上的消费需求越来越大，对品质的要求也越来越高。近几年，我国美容美发行业发展迅速，美发用品和美容用品的用量随之增加。然而，这些用品的经营由于未实行卫生许可制度，且产品来源渠道很多，大量美容院的产品名义上是名牌，但大多是从化妆品批发市场直接采购回来的，从中挣取高额差价。在暴利的驱使下，许多美发美容机构常常在正品中掺假，以次充好，以假乱真欺骗消费者，获取巨额利润。更严重的是，由于有些渠道来源不明的美容美发业化

---

① 中国消费者保障协会统计数据。

妆品的卫生质量不易控制，会危害消费者的人身安全。

美容美发是我们消费者日常生活中不可或缺的一项服务，笔者曾经去过不同的理发店亲身体验服务。发现规模大小不一的店面，包括价格、技术水平、服务质量等均差距很大，小店烫发100元可以烫个不错的，在品牌店至少要700~800元。而一般消费者为了用好药水烫头发而花大价钱，却发现烫的效果和便宜的药水效果一样，被欺骗至利益受到侵害。而且类似的事件每年都有发生，今年的"3·15"晚会又报道了美容美发行业的潜规则一直是消费者投诉的焦点。总之，劣质产品以次充好、捆绑销售模糊收费、美容美发不开发票，这些情况屡屡上演。

美容美发业这些欺骗消费者利益的行为，都属于美容美发行业的欺诈现象。所以笔者通过运用经济学的知识，分析我国美容美发行业中商业欺诈现象的原因，总结出减少或最大限度避免美容美发业商业欺诈现象发生的对策。使身边的人更加了解美容美发业的行业背景，合理消费，保障自己的合法利益。社会、企业和个人共同协作、监督，使我国美容美发服务功能得到强化，市场秩序得到改善，使美容美发企业的规模得到扩大，实力得到增强，使城市就业压力得到缓解。基本实现城市居民方便快捷、安全卫生、物美价廉的美容美发消费目的。为扩内需、保增长、保民生、促和谐做出努力。

第二节　我国美容美发服务业现状概述

美容美发行业从属于第三产业，是流通产业的重要组成部分，是我国生活服务业中重要产业之一，随着我国经济的稳步快速发展和人民生活水平的不断提高，美容美发消费市场在不断扩大，高档次的美容美发服务已成为美容美发服务业的新亮点。特别是改革开放以来，我国美容美发服务业有了更快的发展，企业数量的倍增不但满足了消费者美容美发，休闲健身的需求，同时还解决了大量剩余劳动力和下岗员工的就业问题，促进了产业结构调整与可持续发展，并稳定了社会。所以发展我国美容美发服务业十分必要。美容美发业成为继房地产、汽车、旅游业之后的另一个消费热点。

一、我国美容美发服务业概念及特点

（一）我国美容美发服务业概念

我国美容美发业是融合众多专业门类的产业，它包含美容、美发、化妆品、美容器械、教育培训、专业媒体、专业会展和市场营销8个方面（见图3-1）。美容美发服务是终端服务行业，直接面向广大消费者并为消费者提供美容与美发等服务。美容服务，主要分为医疗美容和生活美容。医疗美容涉及创伤性和侵入性的服务，属于医疗行政管理范畴。在生活美容中还可以细分为更多的服务项目，如美甲等。美发服务，包括普通理发，可以延伸的造型、修饰、染发、烫发、生发、育发等。美容和美发在实际服务中无论低档消费还是高档消费，无论大店还是小店，在具体操作上都相互渗透、相互融汇，只是偏重不同而已。

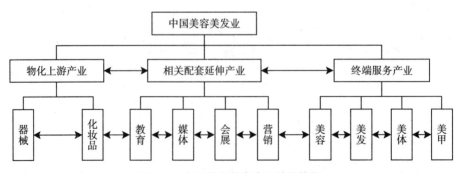

图3-1　中国美容美发产业链结构图

据调研，2008 年我国规模以上美容服务业产值已经超过 4000 亿元人民币，从业人员超过 2000 万人，具有良好的发展前景。

（1）目前我国美容美发行业运行状况良好，从业人员在正常经营状态下收入较高，与餐饮、娱乐、保健等第三产业相比，处于中等较高收入水平；从业人员数量、美容美发机构规模、服务性收入和消费人群数量等指标均朝着较好的方向发展。

（2）美容美发行业分为服务业和生产业以及流通和教育培训等几个方面。其中，服务性收入为产业的主体。由于教育人数不断增加，美容美发机构规模也随之增大，美容美发机构总体仍然以中小型为主，但相对以前，规模有所扩大。

（3）消费者人群增加。美容消费的人群涉及各行各业，其中公职人员、公务员、技术人员、自由职业者、企业管理层人员是主要的消费者。约 70% 的人对美容美发行业发展持乐观态度。

（4）连锁、加盟管理比例增加，而且已经渐成趋势。目前我国大多数美容美发企业主要由家庭式占主导地位；就经营来看，中小型美容美发机构，包括连锁的中小型机构占大多数，说明整个产业模式的提升和改造还远远没有完成，同时标准化、规模化管理被业界所认可。美容美发机构的经营有连锁加盟（直营连锁、特许加盟）、直销介入、电脑网络式经营等。

（5）拥有 100 多万家美容美发企业。据统计，截至 2009 年年底，全国有美容美发企业 101.3 万家，其中，美发厅 54.3 万家，美容院 26.7 万家，美容美发中心 17.2 万家，美甲沙龙 3.1 万户（不包括在超市、百货商场、卖场的美甲摊位 4.2 万个）。[①]

中国美容业目前正处于市场发展的较快增长期，这种快速发展态势表明：该产业属于朝阳产业，产业的延伸内涵丰富，供求弹性空间较大。

---

① 资料来源：《中国商业年鉴》(2010 年)，第 307 页。

（二）我国美容美发服务业特点

2007 年《中国美容经济年度报告》指出[①]，从世界范围来看，美容美发业产业正在向新的水平迈进。美容美发业从最初的基础美容和剪发，历经 30 年的发展，无论从理念、技术和服务都有了质的飞跃。市场规模从小到大，从业人员由少到多，生产企业和专业美容美发化妆品品牌也大量涌现。

表 3-1 是笔者收集的我国高端美容美发连锁机构，通过表 3-1 可以看出，我国美容美发业经过多年的快速发展，在传统理发服务业的基础上已经成为一个涉及美容、美发、化妆品、美容器械、教育培训等多领域、多层次的专业服务行业。该行业是完全竞争的成长型产业，是内涵丰富、供求弹性度强盛的朝阳产业，具有广阔的发展前景。

表 3-1　我国经营 10 年以上的美容美发品牌店

美容美发店名	建店时间	经营类型	经营性质	经营项目
上海永琪	1999	民营	全国连锁	美容、美发、形象设计、美体塑身、养生保健、专业培训
北京审美	1996	民营	全国连锁	美容、美发、时尚美甲、化妆造型、整体形象设计、专业培训
北京艺人	1989	民营	全国连锁	美容美发直营、加盟、美容用品销售、美容美发培训
东方名减	1995	民营	全国连锁	美容、美发、足浴
上海文峰	1996	民营	全国连锁	美发、美容、科研、生产、教学、服务、推广

我国美容美发服务业特点主要表现在以下四个方面：

（1）民营资本占主导地位，市场化运作。我国美容美发业属于竞争性行业，具有高成长性、高利润等特点，吸引了众多民营资本的投资。中国美容美发业的主体经济结构是民营经济，美容美发机构中民营资本所占比例高达 94.78%，外资或混合资本为 4.11%。同时，美容美发业整体属于小投资、大市场型服务业。美容美发机构

---

① 2007 年《中国美容年度报告》。

注册资金在 30 万元人民币以下者有 72.31%，营业场所主要以租赁方式为主，占 88.27%，设备投资以小型化为主。美容美发业经过改革开放 30 多年的快速发展已经形成产业规模，完全由民间资本自发投入，依赖市场化运作。

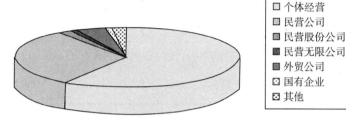

图例：
□ 个体经营
▨ 民营公司
▩ 民营股份公司
■ 民营无限公司
▦ 外贸公司
▢ 国有企业
⊠ 其他

图 3-2　美容美发业企业类型结构

（2）经营和管理模式日趋现代化。我国美容美发机构管理模式以家族式占主导地位，经营方式正由单一走向综合，形式也日趋多样化；品牌经营机构发展连锁方式，加盟经营占 87.98%；美容美发服务机构的形态表现为发廊型、沙龙型、治疗型、休闲型、享受型、专门型和会员型，有 80.25% 的美容美发服务机构都不同程度地采用了会员制经营方式；职业经理人管理模式约占 10.23%，大多数中小型机构都由投资者自己进行管理，但大型机构由职业经理人进行管理占主流；运用网络信息化或电脑数字化手段进行管理者约占 5.72%，初步实现了信息化。

（3）行业结构不断优化，经济运行稳定。我国美容美发业已由早期单一的理发店和简单的护肤服务演变成涉及美容、美发、化妆品、美容器械、美容教育、美容媒体、美容会展和美容营销等的产业体系。目前，全国约有 20 余家美容美发专业媒体，行业每年约有 110 余场美容美发专业展会，化妆品营销已经形成日化线、专业线、专卖店、药店、超市、电视销售、网上销售和直销等多种途径的销售通道。美容美发服务是产业终端，美容美发服务和化妆品生产已经成为行业发展的"领头羊"，带动相关行业发展。美容美发业发展步入成长期，经营处于良性运行状态中。

（4）自主创业、自我择业，推动行业发展。美容美发行业进入门槛低、创业成本低、维持收入稳定、发展前景好，具有很强的创业发展优势。中国美容美发业无论在投资，还是在就业方面都具有自主择业、自我发展的创业特色。同时，由于美容美发属于一对一，甚至多对一的服务方式，在吸纳从业人员方面具有延展性特点。在从业人员中约有 70% 为自谋职业者及创业者，再就业者约占 10%。可见，美容美发业能够大量吸纳小城镇转移劳动力和待业者，是解决就业和发展创业的良好通道。

二、我国美容美发业在经济社会发展中的作用

（一）扩大就业，缓解就业压力

据不完全统计，我国美容美发业营业额达到 6000 亿元，解决就业 2000 万人，由于人口自然增长以及现代化进程和体制改革进程的推进，我国面临严峻的劳动力就业压力。国家人口与社会保障部 2009 年统计数字显示，全国城镇新增就业 569 万人，完成全年 900 万目标的 63%；下岗失业人员再就业 271 万人，就业困难人员实现再就业 79 万人。2010 年各类高校毕业生达到 630 万人，达到历史新高，多种因素给中国的就业形势带来压力。

1. 中国经济周期受 2008 年金融危机影响，进入减速通道。1999 年我国 GDP 增长 7.6%，是上轮经济周期的谷底，从 2000 年到 2007 年持续保持了 8 年的扩张势头。2007 年是本轮经济周期的峰年，从 2007 年第 3 季度开始，在国际经济危机和国内产业结构调整的双重因素下，我国经济已经由持续的扩张转为收缩，GDP 增速逐季回落，尽管 2008 年下半年后中央已连续出台了一系列刺激经济的财政政策和货币政策，2009 年经济有所回升，但是扩大国内消费需

求的任务依然十分繁重，就业压力仍然很大。[①]

2. 就业压力不断增大。据教育部统计，2010 年高校毕业生规模达到 630 万人，比 2009 年增加 19 万人，[②]但就业市场却是有减无增。大学生就业仍然面临严峻挑战。虽然中央和一些地方都出台了相关的经济刺激方案，但是，这些方案需要逐步实施，还需要几年时间。

美容美发服务行业是典型的以提供劳务为谋生手段的行业，几乎不需要任何辅助的资本设备，属于劳动密集型产业，潜藏着大量的就业岗位。据人力资源和社会保障部的调查显示，目前美容美发服务业至少可提供 400 多万个新的就业岗位。面对我国丰富且处于暂时闲置状态的劳动力资源，发展美容美发服务业无疑有利于改善当前的就业形势，促进剩余劳动力的转移，缓解就业压力，是吸纳新生劳动力就业和下岗失业人员再就业的最具潜力的就业门路。

（二）促进社会资源的合理分配

1. 通过资金的再分配，在一定程度上缓解了两极分化现象。毋庸讳言，在我国改革进程中，存在着两极分化现象，这与我国要达到共同富裕的目标有很大差距。美容美发服务业的发展可以在一定程度上缓解贫富差距。对美容美发服务有需求的人往往都有一定的经济基础，而美容美发服务业就业门槛低，不同的工种适合各种层次与资历的人，任何条件的打工者都可以经过短期培训找到一份适合于自己的美容美发服务工作。这样，经济条件好的人便通过购买美容美发服务人员的劳动力将部分资金转移到了另一部分人的手中，在一定程度上起到了经济解困的作用。

2. 对于缩小城乡差别起到了一定作用。目前，美容美发服务的需求方主要在城市，而供给方更多是在农村。进城从事美容美发服

---

① 《中国统计年鉴》（2009）。
② 教育部统计。

务者在通过自身劳动获得报酬的同时，也会潜移默化地受到城市生活的熏陶。当他们返乡时，带回去的不仅是报酬，还有城市文化、更开阔的视野、现代思维理念以及文明的生活方式。从一定意义上说，美容美发业的服务人员起着城乡文化沟通的桥梁作用。这种城乡文化间的沟通和交流对于我国目前存在的城乡文化上的沟壑有一定填补作用。

（三）优化产业结构

随着经济的发展，人均国民收入水平的提高，劳动力在第一、二、三产业中的比重，表现为由第一产业向第二产业、再由第二产业向第三产业转移的趋势，推动这种转变的动力是在经济发展过程中各产业之间的人均收入存在着差异，即佩蒂—克拉克定理。世界经济史表明，经济增长和结构变化之间具有很强的相关性，经济发展过程也是经济结构变革的过程，发达的经济都有很高的服务业就业人口。

从现实看，人类社会依次经历了农业革命、工业革命、信息革命，每次革命都给社会结构带来了深刻的变化。当今第四次革命——服务业革命已悄然来临。工业化、城市化、市场化等带来了巨大的生存压力、激烈的职业竞争和快速的生活节奏。人们在紧张的工作之后，越来越重视休闲消费，今天人们追求更多的闲暇时间用于娱乐、享受和自我发展。作为第三产业的服务业是今后几年最热门的行业之一，服务业是直接为人民服务的产业，而爱美之心人皆有之，正是消费者对美的追求，促进了美容美发服务业的发展，增加我国新的服务领域，使服务业的就业人数快速增长，这对于我国产业结构的优化具有重大意义。

第三节 我国美容美发服务业存在的问题

美容美发行业虽然发展前景可观，许多高端店面比如审美、木北、东田等连锁美容美发业都做得很好。但是，在我国美容美发业结构中，高端店所占的比例较小，大多数还是中低端的店铺。近年来美容美发服务业还存在着许多商业欺诈的现象。商业欺诈是指经济领域中某些经营主体为了获取短期经济效益和谋求自身利益最大化而在经营活动过程中采取的种种欺骗他人、损害他人利益的欺诈行为。目前，我国美容美发服务业各种商业欺诈投诉案件逐年上升，众多消费者深受其害，商业欺诈已成为扰乱我国美容美发服务业正常经营秩序的一个重要原因。

一、秩序较混乱

我国美容美发业尚无服务技术的鉴定准入机构，服务项目尚不规范，服务质量得不到保证，资质名称、技术名称较为混乱，消费者的合法权益得不到保障。

二、行业诚信度较低

1. 广告欺诈。广告是沟通生产和消费的桥梁，企业通过广告宣传产品或劳务信息，缩小和消费者之间的距离，既提高了产品的知名度，又能使消费者买到称心如意的商品，达到扩大销售的目的。有些美容美发企业通常就是利用模糊的语言，或以偏赅全，或夸大宣传，对商品的质量、制作成分、性能、用途、有效期限等作引人误解的虚假宣传，欺诈消费者。比如 2006 年的"葡萄籽抗敏平抚液晶"事件，这是一种产自广州却打着瑞士进口幌子的化妆品——"爱人葡萄籽抗敏平抚液晶"。经专业检测结果表明，"葡萄籽抗敏平抚液晶"中含有化妆品禁用物质——糖皮质激素地塞米松，这种化妆品能让使用者产生依赖感，一旦停用则出现红疹等一系列让人痛苦的症状，因此被称为"皮肤鸦片"。

2. 合同欺诈。经济合同已成为我国各类经济主体开展经营活动的主要形式，然而有一些人则利用经济合同这一纸文书，进行欺诈活动。有些不法分子利用对方对合同的不熟悉或马虎大意，故意将合同中的标的物写得含混不清，模棱两可，待事发后遇到纠纷或发现问题时，条款则任由其解释。比如美容美发店里的"霸王条款"，在会员卡办理的过程中，很多消费者往往忽略了一个细节，就是在一些预付费会员卡的协议中，商家将"此卡一经办理，余额概不退还"的信息写入了条款。除此之外，还有诸如"最终解释权归本店所有"等条款。

3. 价格欺诈。价格是商品价值的货币表现，在计划经济体制下，商品的价格由国家来定；在市场经济体制下，市场成为资源配置的基础性支配力量，商品的价格则由市场来决定，但这并不意味着企业可以随心所欲地给商品定价。在现实的经济活动中，有些企业随意定价，利用价格欺诈牟取暴利，而且花样不断翻新。比如"天价头"事件，两名女学生到保罗国际美容美发店剪发，她们本想花 38 元钱，却没想到掉进消费陷阱，结账时被告知两人消费总额 1.2 万元。于是两名女生不得不先后向 35 名同学借钱，凑够9800 元办了张该店的"钻石卡"，才得以脱身。"保罗国际"曾因价格陷阱多次遭到顾客投诉。"天价头"事件在当地引起了强烈的社会反响。

4. 包装欺诈。包装是盛装产品的容器或外部的包扎物，它的基本功能是保护商品，美化商品，便于使用，促进销售。但有的经营者却把产品包装当作蒙骗消费者的工具，让消费者为此付出代价。如有的产品质量本身并不过关，却利用精美的外包装，施展骗术；

有的产品包装和说明书中，全部用外文标识或用汉语拼音标识，给人以进口产品的感觉等。比如"玛格丽娜口服精油"，口服精油是2006年美容行业的热门货，而"玛格丽娜口服精油"是其中的知名品牌。后来据中央电视台曝光，市面上热销的"玛格丽娜口服精油"竟然是无生产厂家、无生产日期、无产品质量合格证书的"三无"产品。该报道引起了广州业界的广泛关注，国内的精油市场一片混乱，精油要口服必须具备许多严格条件。

5. 营业推广欺诈。营业推广是为刺激顾客购买，鼓励购买行为而采取的各种促销形式，包括代金券、竞赛、附带廉价品等。在这些活动中消费者真正得到实惠的并不多，部分商家更是利用消费者"贪小便宜"的心理进行欺诈销售。比如一些美容机构推出免费美容服务，实际上是为了推销产品，通常是刚刚抹上一层产品，就被要求购买其美容产品，不买产品不给洗脸，不让出门。

三、从业人员素质差

美容美发机构近几年来虽然有所发展，但大部分美容美发店并没有系统化的管理模式，促销方式单一，仅停留在简单的打折、售卡阶段。广告宣传盲目夸大，服务尚处于粗放阶段，缺乏科学有序的管理。某些美发店则片面追求店铺的外观装修，动辄投入巨资于店铺的外观装修，但整体形象缺乏统一管理，制服、服务价目表、营业表单、围布、用具等用品视觉上都没有进行统一协调。相对于行业快速发展而言，职业水平明显滞后，从业人员素质明显参差不齐，职业培训明显不足，高素质人才缺乏。

四、行业协会的职能没充分发挥

各级行业协会距离承担起"完善、规范、提升、促进"行业发展的历史使命的要求还存在较大的差距，如何建立健全协会的管理体制、运行机制，如何配合政府相关部门尽快制定标准规范，还没有成为协会的核心任务和重点工作。

第四节　美容美发业健康发展的对策

一、企业加强规范管理，提高市场竞争能力

（一）企业要加大自身信息披露

由于经济领域中不可避免地存在信息不对称现象，为了尽量消除信息不对称带来的负面影响，提高消费者的信息甄别能力，诚实守信的美容美发企业必须加大自己的信息披露，努力提高自己的信誉，塑造自己的品牌，通过品牌，将产品的属性、利益、价值、文化、个性和使用者形象等信号传递给相关的消费群体，使之区别于一般企业产品。

（二）企业内部要加强伦理道德建设

企业内部要加强伦理道德建设，大力倡导企业诚信价值观和诚信文化。基于伦理道德的企业价值观管理要在企业中扎根，最重要的是伦理道德观念在企业内部的培育、维护和扩展，在企业内部培育出一种内在的、自发的、不需第三方力量强制的诚信道德观念，只有如此，才能从企业内部治理经营中的欺诈问题。企业诚信道德不仅仅是约束防范性的，还具有进取性的功能，这是人们长久以来对诚信道德发展的历史及其本身职能的探索中得出的结论，也是为经济活动的实践所证明的。许多企业在一些无法预测的突发事件面前，宁愿自己亏本，也要信守合同，虽然付出了高昂的代价，却换

来很高的美誉度，使公司绝处逢生，创造出丰厚的收益。因此，企业必须把诚信当作资本来经营，牢固树立诚信道德理念，要在企业中形成讲信用、重信誉的企业文化，尤其要在产品质量、售后服务、客户管理、营销管理、资金管理、税务管理、公共关系等环节严把信用关，在市场中树立良好的诚信形象。只有每个企业牢固树立了自己的诚信文化，全行业的诚信伦理建设才有望形成并得以长久。

二、政府加强支持和引导，规范行业法律法规

（一）政府要加快建立市场信用管理体系

政府要加快建立市场信用管理体系，加大信息透明度，实现信息共享。在"信息不对称"和"不确定性"普遍存在的商业环境中，进行买卖交易所需要的"准确信息"不可能全是企业的诚实守信所能保障给予的，会出现一些不良企业的"搭便车"行为。当有关产品和服务的信息制作者和提供者有意造假，并把承诺当作谎言和戏言时，获取准确信息就会成为很大问题。因此，建立对市场主体的信用状况进行记录和评价的社会信用体系是十分必要的。

（二）政府加快建设行业信用制度

目前，我国当务之急是要加快建设美容美发行业征信的专门信用制度，包括对信用记录的征集、调查、评估、保证等信用业务活动的组织及信用机构的设置等加以规范，以确保信用活动的正常进行。要尽快规范税务、工商、海关、司法、银行等与公共信用记录有关的政府部门与企业的行为，必须要求这些部门依法向社会信用机构和公众提供信用信息，并制定可操作的信用服务规则和信息传递披露机制，增强经济主体道德状况的透明度，使企业、中介机构和个人的信用状况真正成为其参与社会经济活动的重要依据。

（三） 政府要完善各项法规和管理制度

政府要继续完善各项法规和管理制度，加大对商业欺诈的制裁力度。任何一种法律制度，只有在实际运用中能基本杜绝它要禁止的那些不当行为发生，才能算是有效的，反之只能是低效或无效的。必须根据这个标准去逐一衡量和修订既有的法规制度，使其变得更加合理有效。一旦消费者或企业受到商业欺诈的侵害，可以依法追索超额补偿。政府要加大对商业欺诈的制裁力度，让商业欺诈行为在经济上得不偿失。在法律制度安排上要鼓励诚信行为，让讲信用的人通过依据其道德资产获得利益的可持续增长，让企业通过靠道德资本作为扩大规模的必要条件。同时，在"执法必严，违法必究"的层面上，一定要讲法律信用，起到惩罚欺诈行为、警示企图败德者和保护有德者的效果。让欺诈行为及时曝光并受到应有的经济和法律制裁，让进行商业欺诈的企业在市场竞争中无法找到交易伙伴，让"有德者"能够"有所得"，"无德者"倾家荡产。只有这样，经营者就会视商业欺诈为畏途，商业欺诈就会失去自我的繁育功能而呈现萎缩和消亡趋势。

三、行业协会发挥推动作用

（一） 行业协会要促进行业自律

由于市场经济中人们之间的交易手段日益多样化和隐蔽化，诸如票据、存折、电子商务、会员卡等，主体间面对面的交易逐渐减少，主体间的距离的放大无疑为商业欺诈提供了机会，而社会中介组织本身具有多方参与、自治自律的特征和在交易中保持中立性、公正性、权威性的独特优势，它们大多在社会生活中发挥着监督和沟通的作用，例如具有公正和监督功能的公证处、仲裁处、质量检测处、计量认证处、资产评估处等，具有沟通功能的各行业协会和商会等。因此，行业协会和中介组织有义务、有能力发挥自身的协调、监督和制约职能，在反商业欺诈中成为一支重要的力量。

（二）行业协会要积极开展社会信用管理和研究

行业协会要积极开展社会信用管理和研究，提出有关信用的立法建议或者接受委托研究信用立法，提出有关社会和国家信用管理的法律法规等；制定各行业从业标准以及行业涉及的有关规章；协调企业与政府、媒体、消费者和企业等利益相关者的关系与沟通等；促进行业自律，加强信用服务行业人员培训，健全惩罚机制，确保市场诚信行为不断生成。

（三）行业协会要承担教育消费者的义务

行业协会要承担义务教育消费者的功能。提高消费者的鉴别能力，帮助消费者识别商业欺诈。要向消费者如实介绍产品检验的性能、质量标准、检测手段、成本信息，帮助消费者掌握各种反欺诈的方法。对本行业出现的商品质量问题追查源头，从流通领域一直往上追溯，以彻底消灭制造假冒伪劣产品的窝点。消费者权益保护组织要积极接受消费者的申诉，代表消费者向商家进行协商，并将发现的商业欺诈行为提交有关部门处理甚至上诉，通过各种形式为受害者争取补偿和应有的权利。

四、消费者自我保护与理性消费

（一）提高自我保护意识

消费者应提高自我保护意识。在使用美容化妆品时，除了对产地、生产日期以及有效年限要特别注意外，还应仔细查看产品的卫生许可证、批准文号。在使用进口化妆品时，要注意检查其标签，最好让经营者提供进货凭证。对特殊类化妆品，应注意检查其有无特殊类化妆品批号，查看美容美发店执照是否齐全，美容美发前要权衡价格是否合理等，事后应向经营者索取相关凭证，便于一旦发生争议时进行自我消费保护。

（二）科学理性消费

对于消费者来说，应该建立理性消费观念，在满足自己需要的情况下，合理消费。并且要充分了解现行政策，不要片面认为高消费等同于高质量产品，在使用相关商品时更要查看产品说明，不要轻信商家的宣传，对于商家推荐所谓的获奖产品或"进口"产品要格外注意。在遇到问题的情况下，不慌张、不妥协，及时反映问题，及时监督举报。这样，消费者的利益才能得到真正的保障，整个行业才能真正的成熟起来。

我国美容美发服务业是朝阳产业，但发展过程中必然会出现许多问题，在本文中重点对影响美容美发服务质量及技术水平的问题进行论述，分析了五类欺诈现象，分别是广告欺诈、合同欺诈、价格欺诈、包装欺诈以及营业推广欺诈。从信息不对称、短期化一次性交易，以及市场经济制度中的缺陷三方面原因对美容美发服务业的欺诈现象进行了经济学剖析，并提出了相应对策。

总之，要想解决美容美发行业中的困难，使行业又好又快地发展，单靠企业自身来克服困难是不够的，还需要政府以及行业协会的支持，消费者的监督。只有社会群体共同努力，美容美发行业才能健康有序地发展。

第四章 沐浴、沐足业体系

当今的中国，沐浴已发展成了集休闲娱乐、美容保健、餐饮住宿，乃至商务洽谈等为一体的具有综合功能的服务产品。沐浴业在中国有着悠久的历史和深厚的文化积淀，早在商周时期，中华民族的先民们就养成了沐浴的习惯。特别是改革开放以来，随着我国经济持续稳定快速发展，城乡居民生活水平大幅度提高，带动了洗浴业的快速发展，成为服务业中的重要组成部分，为提高人们的生活质量发挥了重要作用。洗浴服务业已成为一个新兴的朝阳产业，正处于快速发展的上升态势。沐浴业的发展对繁荣地方经济、丰富人民文化生活和改善当地人民的生活质量起着重要的推动作用。

第一节 改革开放以来我国沐浴、沐足业现状

改革开放 30 多年来，我国沐浴行业发展非常迅速。20 世纪 80 年代，沐浴行业主要以大澡堂子的形式解决广大城市居民洗澡难的问题，其主要功能只是提供洗澡洁身，规模普遍较小，服务比较单一。90 年代初期，国外浴种开始登陆我国，如芬兰桑拿浴、土耳其浴等；90 年代末以后，现代服务、休闲和保健理念开始融入现代沐浴业。

一、我国沐浴业进入高潮期

我国沐浴业主体从萌生期到活跃期，已经进入了高涨期。目前沐浴业已经发展成为集休闲娱乐、美容保健、餐饮住宿，乃至商务洽谈等为一体的具有综合功能的服务场所。沐浴企业有综合浴场、普通浴池、足浴、温泉、SPA 会所等多种经营形式；所有制形式也由过去单一的国有制向股份制、股份合作制、外资经营等多种形式转变；许多优势沐浴企业还实行连锁经营，全国规模较大的前 30 家沐浴企业中，连锁门店数已有 1000 多家。此外，近几年一些国外浴种相继进入中国，大大丰富了中国的沐浴品种，扩大了中国的沐浴市场。

二、沐浴行业规模稳步上升

《2009~2010 年中国休闲发展报告》统计，2008 年，全国沐浴企业数保持稳定，依然为 15 万家左右。从业人数为 1500 万人，年营业收入总额为 1135 亿元，同比增长 8.09%，实现税收 74 亿元。沐浴业从业人数占全国就业人数的 2%，沐浴业 GDP 占全国 GDP 的 0.38%，沐浴业实现税收占全国税收收入的 0.13%。

2009 年沐浴业营业收入和利润增幅在 10% 左右，为 1250 亿元；企业数量保持稳定，为 15 万家；从业人数增幅保持小幅增长，在 1600 万人。2010 年沐浴业营业收入和利润增幅均达到 15% 以上，达到 1440 亿元；企业数量有 10% 左右的增长，达到 16.5 万家；从业人数增幅超过 15%，达到 1840 万人。

三、沐浴企业得到较快的发展

洗浴行业在 2002~2006 年发展十分迅猛，每年新增的企业数十分可观。从经营情况看，根据商务部商业改革发展司和中国商业联合会沐浴专业委员会联合对 102 家洗浴企业的调查结果显示，从 2005 年到 2006 年沐浴行业整体经营状况良好，在营业额、利润和纳税上都有较大增长。特别是调查企业中前 30 名洗浴企业在行业中的作用突出，约占调查企业中营业额、利润额的绝大部分和纳税额的一半，带动行业增长的作用十分明显。

四、SPA、桑拿业发展情况

1. 2000 年 SPA 业进入中国。现代意义上的 SPA 是在 2000 年左右进入中国。近两三年发展很快，特别是在经济发达地区的大中城市，SPA 已占据了沐浴休闲业一定的市场份额，消费群体稳步扩大，成为当地沐浴业的新亮点。

但是，现代 SPA 毕竟进入中国的时间不长，有许多地方还有待于改进，比如 SPA 文化的更广泛传播，SPA 内涵的更深入理解，环境的营造，设施设备的提升以及 SPA 内容的完善等方面，还需要我们中国业界做出更大的努力。

2. 桑拿业发展较快。现代桑拿进入中国早于 SPA，而且发展迅猛，目前已形成了一个大众化的消费市场。据相关资料显示，到 1996 年底，中国专业的桑拿浴企业就超过了一万多家，其中还不包括酒店里的小型桑拿房，年营业额达到 40 亿元人民币。近 10 年来，由于中国的经济体制改革，行业变动较大，对沐浴业的统计未能延续下来。目前，中国商业联合会沐浴专业委员会，已开始对行业展开调查，初步调查显示，近几年，桑拿企业又有了一定的发展，而且设备设施也有了相当大的改善。

五、连锁经营步伐明显加快

目前，集休闲、娱乐、餐饮、保健、健身和美容等多功能的沐浴企业在我国急剧增加，经营规模不断扩大，现代服务经营理念得到了丰富与发展，沐浴连锁企业也开始出现。据统计，在 2007 年沐浴企业 30 强中，有 10 家采取了连锁经营的方式，品牌连锁经营企业门店共有 437 家，足浴连锁门店共有 407 家。其中足浴连锁店最多的是重庆富侨保健服务有限公司，总数 281 家；北京市千子莲企业管理咨询服务有限公司和陆琴脚艺中心分别以 98 家和 20 家分列第 2、3 位。综合浴场连锁店以权金城国际酒店管理（北京）有限公司位居第一，共有 13 家；鞍山摩力圣汇俱乐部名列第二。这些企业从规模、效益等各方面已在全国沐浴行业成为"领头羊"，传统品牌已经形成，市场份额逐步扩大，并且已被全行业认知。

六、多元化发展格局初步形成

近年来，我国洗浴服务业的经营业态、服务功能、营业网点都发生了很大的变化，出现了三大转变：

1. 经营业态由过去单一的大众浴室向浴场、桑拿、保健中心、便民浴室等多种业态转变。目前，沐浴企业主要有综合浴场、普通浴池、足浴、温泉、SPA 会所等。综合浴场、普通浴池和足浴是沐浴企业最主要的经营形态。近年来出现的 SPA 会所还处于发展初期，只占较少部分。因为地下水资源限制，所以提供温泉服务的沐浴企业也不多。

2. 服务功能由过去单一的清洁向休闲、保健、娱乐、餐饮多功能转变。许多沐浴企业通过延伸产业链，将休闲娱乐、餐饮住宿、美容保健集于一体，成为多功能的服务场所，并带动了化妆品、纺织品、啤酒及饮料等相关产业的发展。

3. 所有制形式由过去单一的国有制向股份制、股份合作制、外资经营等多种形式转变。沐浴企业大部分都是私有企业，多为自主经营。形成了营业网点多、服务功能多、经济成分多、消费层次多、经营业态多的特征。特别是近几年，一些国外浴种如芬兰桑拿、土耳其浴、泰式按摩、SPA 等也已进入我国，使我国沐浴市场形成了一个高、中、低多档次的消费格局。

七、许多城市率先得到发展

北京现有沐浴行业网点大约 2000 家，总营业面积达到 400 多万平方米。其中单店面积在一万平方米以上、投资规模在亿元以上的沐浴企业有 20 多家。北京丰台区洗浴业网点增长速度较快，2006 年大大小小店铺约有近 300 家，比 2000 年年初增长了两倍。上海沐浴行业 2009 年销售额实现 80 多亿元，天津据不完全统计中型以上洗浴企业 695 家，昆山沐浴企业达 200 余家。据河南省商业行业协会洗浴专业委员会统计，2009 年河南有洗浴企业 896 家，美容、SPA 类企业 363 家，足疗按摩类企业 294 家，各类相关设备、浴品供应类企业、管理服务类企业 106 家，从业人数近 30 万人。河南有足浴企业 3 万多家，从业人员超过 80 万人，年营业额 200 亿元，上交利税超过 13 亿元。

八、制定和出台了一些沐浴法规和标准

2008 年年初，国务院下发了《关于加快发展服务业的若干意见》，提出了促进服务行业又好又快发展的要求。2010 年 6 月 30 日，商务部颁布《关于规范发展沐浴业的指导意见》（商商贸发〔2010〕242 号），2008 年沐浴委在制定行业标准，规范市场行为方面做了一系列工作，如由沐浴委起草、商务部正式批准发布了《沐浴业经营技术规范》行业标准，已于 2008 年 5 月 1 日实施；分别召开了《沐浴企业等级划分技术要求》国家标准审定会和《温泉业经营技术规范》行业标准审定会，均获通过；完成了《沐浴行业经理人培训教材》的编辑工作；还完成《SPA 经营技术规范》和《足浴保健企业等级划分技术要求》两项行业标准的制定；协助商务部进行

行业调研，编写年度行业报告等。但中国沐浴行业的现状及未来走向究竟如何，仍需要进一步探讨。

第二节　沐浴业发展主要因素

一、消费观念的转变

在当今全球化的背景之下，中国在经济、文化等各个方面都受到了国际因素的影响。随着经济发展、社会进步，人们的传统观念也发生了改变。主要包括以下两个方面：

1. 消费观念的转变。随着经济发展，人们生活水平的提高，当人们不再为温饱而奔波并有了"闲钱"可供支配时，人们的消费观念发生了重大转变，其中休闲娱乐消费的增加就是一个突出表现。如今，人们都在不同程度地追求着生活质量和生活品位，大多数人已经形成闲暇时到沐浴中心休闲和娱乐的消费习惯。并且，消费档次的提升、服务享受的获得成为人们沐浴和休闲观念转变的标志。

2. 文化观念的转变。沐浴业曾经是个难登大雅之堂的行业，但如今，沐浴业正渐渐退去灰色的外衣，沐浴会馆日益成为人们日常休闲、娱乐、商务洽谈的综合性服务场所。正所谓"阳光沐浴，健康人生"。所谓健康，不仅包括沐浴环境与使用器具的卫生，也包括沐浴经营项目上的公开透明，让沐浴会馆成为商务洽谈与宴请、家人休闲娱乐的地方。沐浴的绿色化、健康化趋势正逐步打消人们对这个行业的偏见。

二、经济发展的推动

随着经济的发展，企业间的商务活动越加频繁起来，沐浴会馆恰好提供了商务洽谈、商务宴请的适宜场所。同时，国家经济的发展，人民收入水平的提高，使得人们更加重视生活质量、追求生活品位，这在一定程度上刺激了人们消费的欲望。对于具有休闲、保健、娱乐、沐浴等多种功能于一体的新型浴场，许多人已经由一开始的好奇发展到主动去体验、享受。

经济的繁荣发展推动着沐浴业的发展，从沐浴延伸辐射出来的服务，已经构成了一个以沐浴为主导、以休闲为主线的综合服务体系，满足了生活在快节奏都市里不同人群、不同活动的需要。

同时，经济的发展与沐浴业的发展二者之间是正相关的关系。但是这种正相关的关系不是体现在数量方面，即经济发达程度与沐浴会馆的数量没有关系，而是体现在经济发展程度不同的地区的沐浴会馆的档次是不相同的。在经济发达的一线城市，沐浴会馆的规模大，档次高，功能齐全，是集休闲、娱乐、餐饮、保健、健身和美容等多功能于一体的高档次的沐浴会馆。而在经济欠发达地区虽有大量的沐浴会馆，但一般档次较低、功能单一，中国的沐浴业存在着地区间的不平衡性。

三、国家政策的支持

政府要加强对沐浴业的扶持。沐浴业虽然有了一定程度的发展，但相关法律法规和行业标准却很不健全，全国各级主管部门可以根据当地实际情况先出台一些地方标准行规，通过提供政策导向、税收优惠等措施，全力支持沐浴行业发展壮大。目前商务部正在组织制定有关沐浴业的行业标准，以促进该行业朝着规范、有序、健康的方向发展。

中国商业联合会沐浴专业委员会，是经中华人民共和国民政部批准成立的、唯一的、全国性的沐浴行业社团机构。中国商业联合会沐浴专业委员会将在调研的基础上，整合行业资源，全力做好以下一些主要工作：积极参与行业政策的制定和立法建议；开展行业调研，建立基础数据库；促进行业结构调整与优化，培育企业品牌；开展沐浴新技术、新产品推广应用，推动行业技术进步；开展培训工作，提高行业队伍的素质；制定行业资质等级评定标准，促进企业全面提升档次；加强对外交流，引进国外先进浴种。

中国沐浴人才培训基地是中国商业联合会沐浴委员会在扬州建立的中国沐浴行业人才培训的最高机构。自成立以来，基地立足扬州、面向全国，担负起培训、输出沐浴业的高级管理人员、职业经理人和沐浴技师队伍的重要工作。通过培训基地的人才培训，使沐浴技师在相关文化理论知识、专业技能和综合素质等方面得到全面发展，更好地规范各地沐浴技师技术技能，把各地优秀沐浴技师、名师及沐浴行业职业经理人推向市场，创造更大的社会效益和经济效益。

第三节 我国沐浴、沐足业发展存在的问题

沐浴业作为朝阳产业，有着巨大的发展潜力。但由于沐浴业发展速度过快，一直不被社会重视，在发展过程中产生了管理不到位、行业发展缺少规范引导等亟待解决的问题。就宏观层面来看，中国沐浴业缺乏科学的管理理念和发展理念，可持续发展能力不足，网点布局不合理，竞争秩序混乱；就微观层面来看，普遍存在企业管理水平不高，服务标准不统一，从业人员文化素质偏低等问题。这些问题严重制约了沐浴业的健康发展。

一、沐浴、沐足业社会地位较低

行业发展没有得到社会的正确认知。这个行业确实有些企业很不规范，但很多人对洗浴企业还抱有看法，更有一些人把洗浴等同于色情服务。国内沐浴业目前还存在着一些违规操作、行业自律性比较差等问题，造成社会大众以及政府部分管理者对沐浴业存有偏见，认为沐浴业是不能见到阳光的"地下产业"，是不健康的产业，这些误解和偏见影响了整个行业的良性发展。据披露，湖南 2012年浴师有望列入新职业。

二、行业规范、政策法规不健全

1. 目前，沐浴行业缺乏全国统一的行业标准，行业交流相对闭塞，无法组织起大型行业信息沟通和交流平台，各个企业基本上是根据自己的经验或沿袭酒店的部分规范建立的。所以，沐浴行业的服务产品没有统一的指标进行衡量，这是沐浴产业连锁化发展受到制约的重要原因。

2. 国家在沐浴企业的法律法规政策方面的工作还不足，行业的正常发展没有一部法律支持，以至于在产生纠纷时很难及时得到有效的解决。

3. 中国商业联合会沐浴专业委员会是 2005 年初才成立的，在这之前国家没有相关的机构与职能部门对沐浴行业进行管理，由于中国商业联合会沐浴专业委员会刚起步，所以管理与监督还不到位、不规范。

三、人才较为缺乏、服务质量不高

目前，沐浴行业不仅缺乏高级职业经理人、高级按摩师等专业管理和技术人才，而且行业服务没有统一标准，企业各自为政，服务质量参差不齐，具体表现为沐浴行业服务缺乏规范化，服务项目良莠不齐，服务名堂杂乱，远未形成稳定、标准化、流程化的服务产品。

在会馆服务系统中，技师服务是会馆行业的重要环节，技师服务能够直接维系客户、开拓赢利空间，是会馆利润的重要支撑。然而，在沐浴行业，技师的文化素质偏低、服务意识较差，在同一城市甚至同一会馆，相同的服务项目，不同的技师在操作的流程、规范方面存在着差距的情况大量存在，它严重地制约了行业的发展。

洗浴企业大多以按摩、足疗和搓澡为主，人员只有从外面招聘和培训。职业经理人、主管和领班都需要进行培训，单靠企业自身来培训显然精力不够。

因此，提高沐浴业从业人员的素质、加强专业人才的培养、建立和完善行业技术标准已成迫切要做的事情。

四、安全问题复杂、工作难度较大

安全问题已经构成会馆经营的重大瓶颈。它包括车场、浴区、水电运营、客房防火防盗、餐饮、技师服务，以及醉酒客人、个别客人违法、员工自身等多方面的安全问题，它是一个涉及面宽、涉及内容广的系统工程。某一方面的安全问题做不好，都会给会馆的运营带来恶劣的影响，使之遭受灭顶之灾。

近几年来，会馆安全问题不断见诸报端，重大安全事故频频出现，如某会馆由于浴池漏电夺去人命；某会馆技师在按摩时操作不当对客人造成重大伤害；某会馆频发盗窃案件等，至于客人在浴区摔伤、打架、赌博等事件更是屡见不鲜。在经营业绩好的会馆中，设备满负荷运转，客流熙熙攘攘，也会为安全工作增大了难度。因此，安全问题已经成为本行业的重要制约因素。

五、行业市场混乱，市场竞争无秩序

由于近两年大量民营资本投入洗浴行业，各地的洗浴企业数量快速增加，洗浴企业网点布局不合理，在部分地区严重饱和，经营缺乏特色，出现了一些恶性的价格竞争现象，部分企业甚至违规违法经营。无序的竞争状况使企业无法集中精力进行品牌、技术、文化管理等各领域的建设，洗浴企业普遍存在内功差、缺乏经营特色的现状。价格战的恶果将使整个洗浴行业像保龄球行业一样迅速崩溃，会给投资者和经营者带来巨大的隐患。

六、水和天然气等资源的限制

洗浴业是一个高耗水的服务行业，这与政府、媒体呼吁的节约用水也产生了冲突。过去郑州对洗浴企业用水的指导价格是每吨3元左右，现在已经涨到了每吨10.3元，这成为洗浴行业非常重要的一项投入，特别是阻碍了大众浴池建设的发展。

第四节　国际沐浴业发展借鉴

目前，沐浴服务业已然成为极具朝气与活力的行业，具有广阔的市场前景。据国际SPA协会的统计，最近几年，全球SPA产业与SPA旅游呈现出惊人的增长势头，全球SPA产业年增长率高达20%~30%。

一、欧美：第四大休闲产业

在美国休闲旅游产业中，SPA 已连续 3 年最高，2004 年美国 SPA 收入达 145 亿美元；SPA 已成为美国的第四大休闲产业，比主题乐园及电影院还赚钱。10 年来 SPA 从 100 多个到现在 10000 个左右。参与 SPA 的人口，美国有 4500 万人，94% 的美国人满意他们的 SPA 经验，消费者对 SPA 的第一印象是"一个最佳的放松地点"，93% 的人说，做完 SPA 后更放松更有活力。在美国，如有 200 美金额外收入，他们依序会选择用餐、SPA、旅游作为花费，SPA 排列在 Shopping、高尔夫、滑雪、看电影之前，造访 SPA 的家庭年收入在美国是 72000 美金，男性在 SPA 人口的占有率为 29%，SPA 人口的平均年龄为 40 岁。在欧洲，平均每年使用 SPA 的人次超过 2000 万。

二、亚洲：发展前景广阔

亚洲 SPA 人口里，55% 是女性，45% 是男性，62% 为 30~55 岁的年纪。在亚洲 SPA 一次消费的预算是 USD100，30% 的亚洲人在旅行时会找 SPA 享受，25% 的人每月造访 SPA 一次。30%~40% 的亚洲男性有去 SPA 的习惯，价钱、方便性、氛围是民众选择 SPA 时的最重要参考。

日本和中国大陆是未来 SPA 发展的两大市场，男性及年轻人是两种快速成长的 SPA 人群，日本的汤、中国的推拿、气功、太极等，是未来亚洲极可能利用的 SPA 资源。平均每年有 5 亿观光客到泰国，其中 2600 万人是为了 SPA 而来，花费 8500 万美金在 SPA 上，80% 到泰国的观光客都会按摩。泰国 SPA 在 2000~2003 年期间以 200% 的速度成长，泰国政府计划在 2003~2011 年大力推广 SPA 的建设，将泰国推上亚洲康乐中心的地位。

近几年，一些国外浴种如芬兰桑拿、土耳其浴、SPA 等，相继进入中国，大大丰富了中国的沐浴品种，扩大了中国的沐浴市场。20 世纪 90 年代末以后，现代服务、休闲和保健理念开始融入现代沐浴业。

第五节　我国洗浴业发展趋势

一、对 SPA、桑拿业的预期

1. SPA 在中国未来几年会有一个大的发展。根据国民对未来几年中国经济发展的乐观预期，其消费观念、消费模式会进一步改变，用于休闲消费的支出在整个消费支出中所占比重将进一步扩大。特别是中国国民追求提高生活品质、关注身心健康、珍爱生命的观念不断增强，SPA 作为对人的身体、心灵均有功益的时尚高档浴种，市场会越来越大。中国 SPA 将在吸收世界各国 SPA 文化的基础上，注入中国传统文化的精华，在扩大市场的同时，打造出具有中国特色、内涵丰富的 SPA 品牌。

2. 桑拿业目前中国已具有相当大的规模，特别是近几年，在中国的大中城市，装饰豪华、设施完备的桑拿洗浴中心纷纷涌现，一些品牌企业备受消费者的青睐。当前，中国桑拿业已进入一个整合期，未来几年，一些品牌企业将由单体经营向连锁经营转变，充分发挥品牌效应，以扩大市场份额；在服务项目上将由单一的桑拿向集按摩、搓澡、足疗、美容、健身、娱乐、餐饮、住宿于一体的综合服务转变。可以预期，随着中国"十二五"规划的实施，桑拿业在中国将进入一个更加快速、更加健康的发展时期。

二、对我国沐浴业发展趋势

随着国家经济的发展和人民生活水平的提高，沐浴业在未来几年内将发展迅速，并将呈现出现代化、连锁化、品牌化、产业化、差异化、整合化、休闲化的发展趋势。

1. 现代化。20 世纪 90 年代中期，北京的沐浴场所一般也就五六百平方米，上千平方米就可以做行业老大了。而现在五千平方米的沐浴中心成了很一般的规模，新建、扩建的沐浴中心目标都瞄准上万平方米的面积，投资额也达到上亿元的水平。北京现在最大的沐浴中心已达到三万多平方米。包括沐浴、客房、餐饮、演出、会议等，其中自助餐区和演出区都能同时容纳数百人。

现代化的沐浴会馆不光规模很大、很宽敞，而且增添了许多现代化设备，使顾客能够享受到更加快捷、优质的服务。如红外线人体烘干机。这种专用的烘干机通过热风和自然风可以达到迅速烘干的效果，既能防止全身水分的流失又能起到消毒的作用，带给人体清爽、卫生、舒适的感觉。

同时，现代化的沐浴企业还需要采用科学的现代企业管理体系，提供高水准服务，大力实施技术标准化、管理科学化和经营规模化。相对于硬件设施、经营规模的现代化而言，管理现代化还存在着较大的距离。

2. 连锁化。大力推进连锁经营，是做大做强沐浴产业的必由之路。随着对行业发展的逐步规范，连锁经营成为沐浴企业的发展趋势。2008 年，重庆富侨保健服务有限公司连锁店总数 281 家；北京市千子莲企业管理咨询服务有限公司和陆琴脚艺中心分别为 98 家和 20 家；许多综合浴场也在着力开设连锁店，实现规模化的扩张，如艺海商务会馆，在北京已经开设 3 家，并积极探讨在外地开店的发展模式。这些企业从规模、效益等各方面已在全国沐浴、休闲行业形成一定的影响，代表了行业的连锁发展趋势。扬州市洗浴企业有 500 多家，洗浴业一年的营业额能达 10 亿元左右。目前，在扬州以外开设分店，或与外地沐浴企业开展多种合作形式的企业已有 100 多家。

3. 品牌化。随着中国沐浴市场的繁荣，企业数量在不断增加，规模都在不断地扩大。因此，在激烈的竞争环境中，在供大于求的买方市场环境中，沐浴的竞争与发展应在更高的层面上展开，即比拼文化内涵，比拼科技含量，比拼服务品牌等综合实力。品牌是市场竞争的制胜利器。一个企业尽管拥有了核心竞争力及优秀的资源，如果不能最后表现为品牌竞争力，就很难为最大范围的消费者所感知，在市场上也不会有号召力。

虽然商务部做出了排名，但因沐浴业的行业特点，这些"浮出水面"的企业，未必是盈利能力最强的，也不意味着这些企业已经实现了品牌化的发展。可以说，在沐浴行业，全国范围内的领军品牌还没有出现，现有的品牌还比较混乱。以下是市场上常见的浴场名称（见表 4–1）。

表 4–1　我国常见的浴场名称系列

系　列	名称示例				
西洋系列	金罗马	罗马假日	东方罗马	东方夏威夷	水上威尼斯
皇家系列	皇都浴场	雅典皇宫	皇廷温泉	御温泉	
水系列	艺海	浅水湾	在水一方	水上人家	赛纳河
	大浪淘沙	海阔天空	圣淘沙		
明珠系列	碧水明珠	东海明珠	世纪明珠		

这些名称以其丰富的想象和联想打动了广大消费者，成为沐浴行业标志性的企业名称，在一、二线城市甚至成为档次最高、体量最大、设施最豪华的沐浴企业。但是，其中有些高同质的名称（如罗马、皇家、明珠等）并不利于沐浴企业的品牌创造。

塑造品牌，目前虽不能说是所有行业的终极运营模式，但不可否认品牌所具有的高附加值、高利润率、强大的竞争优势，强势品牌具有的强大的市场号召力，如权金城的连锁化、多元化发展增强了其品牌知名度。权金城利用其品牌影响力，即使在非闹市区开店也能吸引客源，从而减少租金投入。由此可见，所有的竞争最终都表现为品牌之争，无品牌即无竞争优势。未来中国沐浴业发展的新途径将是着力打造自身的品牌，保持目标消费人群对自己品牌的忠诚度。

4. 产业化。产业化的发展，包括两层含义。

（1）突破行业边界，整合相关行业。沐浴业与旅游餐饮业、酒店业、娱乐业是优势互补、相得益彰、共存共荣的利益共同体，它们之间存在着互动、互存、互补的关系。随着中国旅游、餐饮等娱乐业的繁荣发展，必将大力推动沐浴业的发展。在未来，沐浴业还会整合更多的相关产业，如中医按摩、药浴等，并不断创新，向更加细致、全面、周到地呵护人体方面发展。所以，沐浴行业要实现加速发展，必须抓住机遇，与相关行业密切合作，开拓经营、延伸经营，实现沐浴产业一体化进程。

（2）延伸产业链条，提高运营效率。沐浴行业的经营不可避免地涉及租用场地、换洗布草等业务。如果这些业务完全依赖外部公司操作，不仅成本高、环节多，而且沟通效率低。如果将这些相关业务内部化，使其成为企业内产业链的一部分，这就会使企业产业链成为一条流水线，使企业能够降低成本、经营起来更加方便。

5. 差异化。中国的实际情况是，各个地区、各个阶层的人们收入水平不同、消费需求不同。对于沐浴消费来说，低收入者三五元就可以舒舒服服"水包皮"，而高收入者三五百元一趟休闲中心，也很稀松平常。特别是近几年，一些国外浴种如芬兰桑拿、土耳其浴、泰式按摩、SPA 等已进入我国，使我国沐浴市场形成了一个高、中、低多档次的消费格局。所以，沐浴市场是一个消费档次多元化的市场。在目前沐浴业竞争激烈的情况之下，沐浴企业要保持自身的可持续竞争优势，必须调整行业经营结构，多档次、分层次锁定目标顾客群体，不断加大开拓力度，不断挖掘大众化市场、白领族市场、高精尖市场的需求潜力，充分满足不同顾客的消费需求，为不同消费群体提供差异化的服务。

6. 整合化。随着竞争逐渐走向白热化，很多新开的洗浴场所经营艰难，为了在市场中获得优势竞争地位，大型洗浴企业将通过兼并、收购、联合以及连锁等形式快速扩大规模，而小型且没有经营特色的洗浴企业将在激烈的市场竞争中被逐步淘汰。

7. 休闲化。洗浴产品本身是一种心理性、体验性的健康产品，也是一个时尚休闲的消费产品，目标消费者一般比较懂得享受生活。洗浴中心不仅要为消费者提供简单的洗浴服务，更要努力营造一种休闲氛围。因此，促进洗浴中心向多服务功能、休闲中心转变，形成集洗浴、按摩、餐饮、娱乐、休闲于一体的综合性洗浴场所，将成为洗浴业发展的方向。

第六节　对策与建议

面对国内沐浴业激烈的竞争环境，中国沐浴业的发展不应一味拼布点、拼投资、拼档次、拼价格，搞"摊大饼"式的粗放经营和扩张，而应注重提高科技含量，降低资源消耗，不断进行产品创新，创造可持续的竞争优势，走集约式、可持续发展之路。

一、细分市场

众多的沐浴企业，无论其档次高低，发展的关键是要准确定位。沐浴市场是消费档次多元化的市场，细分目标市场，就应当多档次、分层次锁定目标顾客群体，不断加大开拓力度，不断挖掘大众化市场、白领族市场、高精尖市场的需求潜力，充分满足不同顾客的消费需求，形成中国沐浴业新的经济增长亮点。对于大中型沐浴企业来说，要保持自身的竞争优势就必须全力开拓市场，做到三个结合：一是与餐饮结合，这一点大多数沐浴企业已经做到；二是与商务活动结合，不仅能洗澡休闲，还可以洽谈生意；三是健美健身结合，健身后往往要出一身汗，而且目前大多数健身中心多不具备洗澡功能，高档休闲中心如能引进健身概念，客源一定会大增。

二、建立品牌

品牌是企业综合竞争力的体现，是开拓市场的利器，是可持续发展的关键。目前，很多城市的沐浴行业都进入了充分竞争的市场状态，要真正在沐浴行业走得更远，走得更稳健，还需要打造自身品牌，通过实施差异化的品牌战略，集聚无形资产，提升市场知名度，扩大市场占有率。

三、产品创新

沐浴行业的可模仿性比较强，在全国各地，综合性的浴场在服务项目、服务内容等方面的同质化程度比较高。因此，服务产品的综合创新能力，构成沐浴行业竞争力的重要因素。产品创新的速度和能力，决定着沐浴企业在行业中的位置。

沐浴行业的产品创新能力包括两方面的内容：第一，单项产品的更新速度。要想做到行业领先，必须在及时把握消费需求的基础上不断研发新的服务产品。第二，通过单项产品的创新，实现沐浴企业的产品结构、产品组合的创新，它是综合创新能力的体现，是产品创新的"神"，是企业创新机制的结果，具有不可模仿性。

四、管理提升

沐浴行业激烈的市场竞争，表现为人员流动的加速、利润空间的缩小。在这种严峻的形势之下，沐浴企业通过管理提升增强自身的竞争能力就成为迫切需要解决的问题。行业的管理提升包括以下几个方面的内容：第一，建立现代企业制度，健全沐浴企业的法人治理结构，使之真正按照《公司法》的有关规定进行运作；第二，完善沐浴企业的基础管理，提高企业对各种问题的免疫能力，使之获得持久的市场竞争能力；第三，引入一系列先进的管理工具，包括目标管理法、平衡计分卡法，以及争取取得 ISO9000 质量管理体系认证，努力提高管理水平，实现企业管理的现代化。

五、完善标准

行业协会和行业标准正在成为引导沐浴业健康发展的着力点。由商务部组织行业协会和专家制定的《沐浴业经营技术规范》、《沐浴企业等级划分技术要求》、《足浴经营技术规范》、《沐浴业术语》、《沐浴业态分类》5 个行业标准，已于 2007 年、2010 年先后推出应用。需要加快制定《温泉业经营技术规范》、《沐浴业职业经理人执业资格条件》、《沐浴企业服务质量技术要求》等标准。针对沐浴业的可持续发展，国家商务部提出，要加快行业立法，完善行业标准，进一步规范行业发展，大力促进行业规模化、品牌化、产业化发展，支持行业做大做强。

1. 要逐步建立健全国家标准、行业标准、地方标准、企业标准相互衔接的沐浴业标准体系，规范提升沐浴服务质量，保障市场有序竞争和健康发展。

2. 各地商务主管部门要加快制定出台与当地沐浴业发展相适应的地方性法规，制定完善地方标准，对各类沐浴企业人员素质、服务质量、卫生条件、安全设施、操作规范、资质管理、等级划分等进行规范。

3. 各地商务主管部门要进一步发挥行业组织作用，推动企业认真贯彻实施《沐浴业经营技术规范》、《足浴保健经营技术规范》等行业标准，切实让消费者对服务设施和服务质量满意。

4. 要逐步建立健全沐浴企业诚信评价体系，更好地规范沐浴企业经营行为和从业人员服务行为。

沐浴产品本身是一种心理性、体验性的健康产品，目标消费者一般比较懂得享受生活，他们追求沐浴的满意度和舒适性，从某种程度上来说，心理满足已经成为沐浴产品的核心。对于沐浴企业而言，应该挖掘传统资源，融入科学的管理理念、发展理念，擦亮沐浴品牌，做足沐浴品牌，创造竞争强势，适时推出新的服务品种，为更多消费者提供更优质的服务，为广大消费者提高生活质量做出更大贡献。

改革开放以来，随着城乡居民收入档次的拉开，适应市场多层次、个性化、特色化的沐浴需求日益增加的新情况，沐浴业已从往昔单一的洁身功能向集保健、休闲、娱乐、餐饮、旅游乃至商务等多功能为一体的综合化服务转变。消费者的沐浴需求是永恒的生活需要，是永恒的消费热点。因此传统的沐浴业如今已演变为发展空间广阔、市场潜力巨大的朝阳产业。沐浴业的健康发展给社会带来了诸多效益，其在繁荣地方经济、丰富人民生活、改善生活质量、增加社会就业、扩大政府税收等方面发挥了重要作用。

在经济快速发展的今天，人们的消费方式、消费观念、消费水平发生了巨大的变化，商业休闲时代已经来临。据统计，中国人均收入的1/4会用于娱乐活动。未来几年，居民用于休闲消费的支出在整个消费支出中所占比重将进一步扩大，迎合人们消费方式变化的沐浴产业也将步入发展的黄金期。

第五章 家政服务业

随着我国经济的快速发展和居民生活水平的日益提高，人们对家政服务的需求快速增加，家政服务业也逐渐开始受到我国相关研究机构和政府的关注。在十一届全国人大三次会议通过的《政府工作报告》中，"家庭服务"第一次被写入了政府工作报告。报告提到"巩固扩大传统消费，积极培育信息、旅游、文化、健身、培训、养老、家庭服务等消费热点，促进消费结构优化升级。"这里的"家庭服务"就是我们要研究的"家政服务"，主要是指以家庭为核心，家庭的主人将部分繁杂、琐碎的、自己不愿承担或没有精力、能力承担的家务事交给相关专业人员来完成的服务。

第一节 完善家政服务业的重要意义

一、满足居民的家政服务需求

完善家政服务业的首要意义是满足居民日益增长的、不同种类的家政服务需求。目前，家政服务员对雇主的依附日益变为雇主对家政服务员的依赖，雇用家政服务员不再是身份和特定生活方式的象征，而是大量居民日常生活的需要。目前，居民对家政服务项目的需求种类繁多，据调查，服务项目中需求量较大的项目是老人陪护，其后依次为病人家庭护理、一般家务、幼儿护理、管家和母婴护理等。近几年我国家政服务需求快速增加主要有以下原因：

1. 老龄化。随着多年来生育水平的下降和人们健康水平的提高，老年人口规模迅速扩大，我国老龄化时代快速到来。据国家统计局 2009 年系列报告，2008 年我国 65 岁及以上老年人口数量已达 1.1 亿，占全国总人口的比重已达 8.1%（2011 年 4 月公布的普查结果显示，该比例已上升为 8.87%）。占世界老年人口的 23%，占亚洲的 38%。据预测，到 2020 年，我国 65 岁及以上老年人口所占比重将达到 11.9% 左右，届时大约每 8 个人中就有一个 65 岁及以上老年人。到 21 世纪中叶，老年人口比重将达到 25%，每 4 个人中就有一个 65 岁及以上老年人。据统计，北京、上海老龄化情况最为严重，目前北京老年人口已经达到 226.6 万人，上海达到 300.57 万人，占总人口的比例为 21.61%。重要的是，我国人口老龄化是由于生育率急剧下降造成的，老龄化超前于经济发展，"未富先老"使我国养老机构严重不足。目前，我国整个养老机构的床位数只占老年人总数的 1.16%，近 99% 的老人还住不进去，这决定了我国必须以居家养老为主要养老形式。居家养老需要大量专业家政服务人员提供上门服务，从而为家政服务业带来巨大的需求。

2. 家庭规模小型化。近几年，家庭规模小型化趋势在我国十分明显，从以前的扩大家庭变为核心家庭为主，还出现了许多新的家庭类型，如丁克家庭、单亲家庭等。这些规模小的家庭和新型家庭都难以充分发挥传统大家庭所具备的赡养老人、照顾孩子等职能。从长远来看，他们必然把这些职能转交给社会。

3. 女性积极参与社会经济生活。曾经"男主外，女主内"的社会性别分工体制把家务劳动划分为女性的分内工作；而今，女性的独立、自主、自强意识已经大大提高，女性的天地已不再局限于家庭之中，女性的价值也不只体现在家务劳动之中。从女性自身的需求出发，女性要求自身具有积极参与社会经济生活并谋得职务的权利；从家庭的需求出发，在当前激烈的社会竞争中，仅靠男性家庭成员的经济收入来负担整个家庭的开支是不现实的。

4. 居民可支配收入增加。我国居民可支配收入的快速增加，为家政服务需求奠定了坚实的物质基础。根据国家统计局的统计分析，我国城镇居民家庭人均可支配收入从 2001 年的 6859.6 元增长到 2008 年的 15780.8 元，扣除物价因素，年均增长高达 9.9%。2009 年尽管受金融危机影响，全年城镇居民人均可支配收入仍然达到了 17175 元，比上年增长 9.8%。2010 年我国城镇居民人均可支配收入 19109 元，增长 11.3%，扣除价格因素，实际增长 7.8%。

二、为社会提供大量的就业岗位

受经济发展速度减缓影响，我国就业形势严峻。据人力资源和社会保障部提供的数据，2009 年全年需要就业的人口超过 2400 万，其中包括"4050"下岗失业人员、农村剩余劳动力，还有历年来积累下来的未就业的大学毕业生。各有关部门都在积极制订再就业计划，其中商务部、财政部和全国总工会把目光投向了家政业，开始实施家政服务工程。美国家政学家拉斯顿博士认为，国力的提高，有赖于家庭生活质量和管理水平的提高，随着全球逐步进入老龄社会，家政有可能成为最重要的职业。在众多的领域中，家政服务业的确具有很大的吸纳新就业的潜力。目前全国家政行业已经吸纳了 2000 万人就业（数据出自国际劳工组织和全国妇联联合提供的《中国家政工体面劳动和促进就业——基本情况介绍》）。据前劳动和社会保障部对沈阳、青岛、长沙、成都四个城市 1600 户居民的调查显示，有家政服务需求的家庭高达 40%。全国城镇家庭现有 1.9 亿多户，即使是平均有 15% 的需求率，也可提供 2900 万个就业岗位，也就是说还有 1000 万个左右潜在工作机会有待开发。以平均每 100 个家政服务员需要一个管理人员计算，这一行业还能吸纳上百万包括大学生在内的家政管理人员。前劳动部的调研预测和某社会机构对 2009~2012 年我国家政服务人员供需缺口的预测大致吻合。

三、促进消费、拉动经济增长

受金融危机影响，目前我国外需受到冲击较大，因此如何通过扩大内需拉动经济增长就成为政府考虑的重点。投资和消费是扩大内需的重要手段，二者相比，消费的扩大对拉动经济增长更具持续性和根本性。改革开放前，城乡居民生活消费自给性比重较大，以商品性消费为主。改革开放后，家庭服务社会化的趋势带动了社会性服务需求的增长，服务性消费在消费支出中的地位迅速提升。2008 年城镇居民人均家庭服务性消费为 2919 元，占消费性支出的比重为 26.0%，比 1978 年的 10.2%上升 15.8 个百分点。2009 年我国城镇居民人均家庭服务性消费仍稳定在 3000 元左右。但是，我国人均家政服务消费和其他国家相比仍有差距。商务部姜增伟副部长在"促进家政服务业发展工作会议上的讲话"中提到，发展中国家的人均家政服务消费比我国高 18 倍，发达国家比我国高 76 倍。另据统计，城市化率每提高 1 个百分点，拉动家政服务消费增长约 1.6 个百分点。2010 年，我国城市化率由 2008 年的 44.9%提高到 50.6%，可以拉动家政服务消费增长 9.1 个百分点，充分说明我国家政服务消费仍有很大的增长空间。建立健全家政服务体系，加快家政服务业发展，是有效释放居民消费潜力、扩大居民服务消费的一个重要突破口。积极做好相关工作，将有利于拉动城乡服务消费市场以及整个经济的增长。

家政服务业的发展不仅表现在能够扩大内需上，也对出口创汇作出了贡献。在世界上，菲律宾、印度尼西亚等国家的家政服务人员已经在国际上享有盛誉，并对本国经济作出了重要贡献。根据最新统计，菲律宾目前有 700 多万人在国外从事家政工作，占全国人口的 10%左右。这些人分布在全球 140 多个国家，每年寄往国内的外汇有 80 多亿美元，占菲律宾外汇总收入的 24%，成为菲律宾经济发展的主要支柱。

四、改善民生、促进社会和谐稳定

商务部姜增伟副部长在家政业工作会议上曾指出："经济社会生活中，家政服务多以人与人之间的'近距离、长相处'为主要特征，大多需要以登门入户的方式来提供'人对人'、'面对面'的人性化服务，家政服务业直接关乎民生。"对于广大家政服务人员来讲，他们从高阶层雇主那里获得的不仅仅是工资报酬，还有知识的学习和生活方式的耳闻目睹。众所周知，城市消费总是超前于农村消费，高阶层的生活方式具有示范效应。大量的农村家政服务人员正是通过在城市做家政，学到了不少知识，回到农村后，改变了自己的生活方式，提高了自己的生活品质。尤其对于偏远落后地区，这种带动作用更有价值。对于广大雇主来讲，城市工作和生活节奏普遍加快，面临巨大的竞争压力，正是家政服务人员把他们从烦琐的家务中解脱出来，使他们有充沛的精力专心做自己的事业，使人力资本得到最好配置，以有更多闲暇时间充分放松自己，或者充电提高，最终提高工作效率和生活品质。

家政服务业的发展不仅促进就业，而且有利于缓解因贫富悬殊带来的社会矛盾，对社会和谐稳定有着重要意义。根据联合国有关组织规定，基尼系数 0.4~0.5 表示收入差距较大，0.5 以上表示收入差距悬殊。我国多数经济学家认为，我国目前的基尼系数在 0.5 以上，说明贫富分化很严重。家政服务业连接着基尼系数的两头，使穷人和富人加强沟通，相互服务，各得其所，从而促进了社会的和谐与稳定。

第二节　家政服务业的现状及成就

一、家政服务内容和形式在扩展

关于家政服务的内容，可以归纳为三个层次：第一种是初级的"简单劳务型"服务，如煮饭、洗衣、维修、保洁、卫生等；第二种是中级的"知识技能型"服务，如护理、营养、育儿、家教等；第三种是高级的"专家管理型"服务，如高级管家的家务管理、社交娱乐的安排、家庭理财、家庭消费的优化咨询等。不同层次服务的多元化、专业化，给家政服务业带来广阔的发展空间。根据商务部 2009 年 8 月在湖北的调研，目前家政服务业已涉及 20 多个领域 200 多个服务项目，已超出了业内专家指出的 11 类，112 项。家政服务的用工形式分为全日工、半日工、小时工等。全日制工作的家政服务人员主要来自农村，小时工和其他类型家政服务人员多来自城市企业下岗职工、失业人员、退休人员，也有部分农村富余劳动力。

二、从业人员整体结构在改变

（一）文化素质情况

10 年前，家政服务人员主要来自农村，初中以下文化约占 90%，接受过系统岗前培训的不到 20%。综合西安、呼和浩特、哈尔滨、苏州、上海、北京等城市最近两年的调查，北京、上海等发达城市初中及以下文化程度的人员占到 70% 左右，在其他几个省会城市，初中及以下文化程度的家政服务员占到 80% 左右。整体趋势是初中以下文化程度的人员在减少，初中文化程度以上的比例在增加，但是，与国家执业资格要求的必须达到初中以上文化程度还有很大差距。

（二）年龄结构情况

家政服务员以中年人为主力军，但是现在有年轻化的趋势。综合一些企业的调查数据，家政服务员平均年龄由以前的 45 岁左右，降到了目前的 40 岁左右。家政服务员中，保姆群体上年轻化表现得最为明显。根据某企业近年对北京市保姆行业的调查，保姆的年龄呈现年轻化的特点，且有集中趋势，30~45 岁的人数占到 24.4%，21~30 岁的占到总体的 46.67%。年轻人愿意加入家政服务行业，说明家政服务人员的社会地位已经得到了相应提高，人们对家政业的认识在改变，这和"朝阳行业"的地位是相符合的。

（三）本地化情况

据北京市家政行业协会调查，北京市家政服务人员有 153000 人，其中京外人员占 92%，而北京本地人只有 8%。从事家政工作的大多是来自周边农村地区和外地务工人员，而本地人对从事家政服务工作普遍有"羞耻感"。而上海家政服务人员本地化的比例要高于北京。据调查，上海家政服务员有 80% 为外省市，上海籍的占 20%，这与其他省市的情况类似。统计结果还表明，上海籍家政服务人员在全日工中只占 3%，绝大多数为钟点工。

上海 2009 年调查数据显示，66% 的被访者选择保姆时偏向于本地人。本地人做家政，雇主更欢迎，语言、生活习性、饮食都比较适应。家住同一城市，雇主会觉得更加放心，家庭氛围就会更加和谐亲密。同时，家政人员本地化也是解决城市春节"保姆荒"的很好思路。但是，目前家政服务人员本地化比例远没有达到此要求。

（四）职业化情况

虽然早在 2000 年，前中国劳动和社会保障部就将"家政服务"列为一种职业，并在同年 7 月印发了家政工国家职业标准。但在进行职业化管理方面却没有实质性进展和强有力措施，致使许多必要的家政培训缺乏连续性和系统性，已开展的一些培训也大多流于形式。家政服务业职业化进程缓慢影响到行业整体服务水平和社会对家政服务人员职业的认同。

三、行业组织状况在逐渐变好

据统计，目前全国家政服务业拥有各类服务企业和网点 60 多万家，大部分家政服务企业年营业额已达 10 万元左右，少数规模较大的企业年营业额已达 1000 万元以上，全行业年营业额近 1600 亿元。北京、深圳、上海、宁波等一些城市的家政服务企业的人员规模由 5~6 年前的平均 10 人左右，增加到目前的平均 50 人左右，经营规模也以每年 30%以上的速度增长。

随着现代流通方式在家政服务企业中的快速推广，家政服务企业"小、散、弱、乱"的局面有所改善，企业规模化和连锁化步伐加快。许多企业一改原来的单店经营模式，积极采用连锁经营等现代流通方式，服务网络逐步向全国甚至国外延伸，有些企业经营门店已达到 50 家以上，呈现出了跨区域连锁化发展的良好态势。伴随企业经营的连锁化和现代化发展，我国家政服务无论是从服务范围、内容、质量，还是从消费者满意程度来看，都有了一定程度的提升。

四、行业发展环境在不断改善

1. 社会观念在不断发生转变。以前，人们普遍认为家政服务是女性才能做的伺候人的工作，地位低下，没面子。现在，上述情况已有所改观，尤其在一线省会级城市表现得更为明显。首先是性别上男性家政从业的比例已经占到了10%以上，且主要集中在理财、管家及家政企业管理队伍中。其次是人们的观念在转变。根据上海青浦区2009年对家政服务业的调查，在对家政服务员这个职业的看法调查时，被访者认为是和其他职业一样的专业服务人员的占43.6%，认为是听人指挥的佣人的占12%。这说明大部分家政从业人员有着正确的职业认识。但对于整个社会而言，还存在一些对家政服务业的偏见。67.4%的被访者要求人们转变观念，希望得到社会认可，体现出他们对于社会认同的渴望与期盼。最后是家政服务业已被普遍认为是"朝阳行业"。1994年中国家政服务业协会的成立，标志着家政服务行业向规范化、产业化、规模化迈进，也开始吸引一些优秀大学毕业生，甚至博士生进入到该行业创业。

2. 政府对行业的支持力度在加大。目前，政府对家政业越来越重视，对家政行业的政策支持力度越来越大。政府对家政行业的支持主要体现在两大工程上。

（1）加快建设"家政服务网络中心"。商务部、财政部联合下发《关于推进家政服务网络体系建设的通知》，提出从2009年起，用2~3年时间推动全国287个地级以上城市建设"家政服务网络中心"，重点培育家政示范企业，扩大家政服务业就业容量。"家政服务网络中心"通过电话、网络等信息手段，无偿为市民、企业提供供需对接服务，建立健全信息咨询、供需对接、人才调配、标准制定、资质认证、服务监督等功能，成为供需对接、规范服务、保障安全的重要载体。截至目前各地已建成近100个家政服务网络中心，服务内容包括保洁、保姆、维修、搬家、护理等百余项，在居民和企业之间搭建起有效的供需对接平台，一定程度上解决了以往居民找不到服务、不敢接受服务，而企业又不知谁需要服务、需要什么服务的难题，家政服务满意度提高到95%以上。通过网络中心加强服务质量监督，规范服务行为，及时淘汰群众不满意的企业，大大提高了家政服务的规范化水平，扩大居民家政服务需求。已建成"家政网络中心"的城市家政服务消费提高了40%以上，100个家政服务网络中心可为5000万个家庭提供服务，实现家庭服务消费超过500亿元。

（2）实施"家政服务工程"，直接促进农民工就业。实施"家政服务工程"、解决农民工就业，是新时期增强城市服务业创造就业的有效探索。目前，商务部已联合财政部、全国总工会实施"家政服务工程"，通过实施技能培训等措施，每年扶持一批城镇下岗人员、农民工从事家政服务，逐步形成规范、安全、便利的家政服务体系。2009年已通过依托工会培训机构进行培训和支持大型家政服务企业自主培训，扶持20万名城镇下岗人员、农民工从事家政服务。通过实施"家政服务工程"，既可大幅增加农民工的就业技能和生存能力，帮助他们走出贫困处境，又可在一定程度上改善城市服务业市场中部分富余劳力找不到工作，而部分专业性人才又急缺的不平衡局面。

第三节　我国家政服务业存在的问题及原因

改革开放30多年来，我国经济发展的步伐远远快于文化发展和法规制度建设的步伐，造成我国家政服务体系、主体关系、行业环境等诸多方面存在不少缺陷和问题。可以说，目前的家政服务业还是一个典型的"非规范、不完善"行业，致使行业吸纳就业、满足需要、促进社会和谐稳定的作用尚未得到充分发挥。

一、供需结构性矛盾突出

供需矛盾是我国家政服务业诸多问题的集中体现，是问题的主要矛盾，其中结构性矛盾又是矛盾的主要方面，具体表现在以下方面。

1. 供需层次不匹配。目前家政服务业经常出现"有人没事干，有事没人干"的现象。其原因在于家政服务员的层次满足不了市场发展的需求，中级服务需求已经大量出现，高级服务需求也初露端倪，大学生保姆的出现、"菲佣"登陆上海即是例证。多数用户希望自己雇用的家政服务员接受过正规化的专业岗前技能培训。不少家庭已不再满足于初级的"简单劳务型"服务，而希望请个高级的"专家管理型"服务员来安排家务。按照岗位要求，"高级管家"应当能够完成家庭事务管理、家务筹划、家庭接待、营养膳食、健康护理、家庭教育等多项任务。然而，我国的家政服务在总体上还主要处于初级层次。大量的求职主体是来自农村的富余劳动力与失业工人，这些人学历层次和素质技能普遍较低，高端服务技能缺乏，不能很好地满足雇主的需要。

2. 供需服务内容失衡。家政服务项目和内容过于单一，供需服务内容失衡。现有的家政服务员多数技能单一，甚至没有技能，再加上一些城镇下岗失业人员，他们所选择的服务形式是钟点工，不愿做住家的家庭服务员，他们所提供的服务内容就更加有限，不能满足雇主多样化的需求。这导致市场上出现了一个家庭雇两个甚至多个服务员的情况，有人负责照看孩子、有人负责照看老人，再雇一个钟点工做饭，大大增加了雇主成本。一方面，那些需要家政服务的雇主不满足于现阶段家政服务的服务项目，另一方面，大多数的家政服务人员由于技术能力不全面很难找到家庭服务工作。这种供求的失衡，是目前家政服务行业停滞不前的主要原因之一。

3. 供需信息不对称。这个行业的特点是供需高度分散，目前还十分缺乏一定数量的、高效的、诚信的信息沟通和交易平台，致使双方不能全面了解并以低成本完成交易。再加上服务是一种无形产品，而且服务的生产与消费是同时进行的，在"使用过程"开始之前雇主无法辨别服务的好坏，这就更增加双方的风险，也是造成职业不稳定的主要原因之一。这方面，政府应该有很多工作要做。

4. 供需时间不稳定。家政服务人员流动性太强是困扰行业多年的问题，综合几大城市对家政服务人员流动性的调查，70%~80%的家政服务员不能在家庭稳定服务 1 年。北京市家协曾对 200 个家政员做过调查，当问及"你最长在一个家庭做多久"时，回答 3 个月以内的占 18.6%，3~6 个月的占 17.6%，6 个月~1 年的占 25.6%，1~3 年的占 8.5%，3~5 年的占 2%，5~8 年的只占 1.5%。"保姆荒"问题是近年来"供需季节不稳定"的具体体现，也是困扰家政业多年的问题。家政服务员流动性强固然与行业特点有关，但主要原因却是家政员"非正规就业"的必然结果。"非正规就业"造成供需双方缺少规范的合同约束，产生的矛盾争议缺少有效的解决机制，没有相关社会保障等都是不可忽视的原因。

二、行业主体组织不规范

我国家政企业总体上仍处于"小、散、弱、乱"的状况，尽管企业数量很多，但上规模、跨地区、宽领域、连锁化、优服务的品牌家政企业仍十分有限，多数企业服务内容不全、信誉不高、影响不大，没有形成规模优势和品牌效应。行业整体集中度偏低，平均市场占有率为 0.018‰，虽然出现了"爱心月嫂"、"川嫂子"、"镇安女"、"陕妹子"、"金管家"、"巾帼园"、"米脂婆姨"、"阳光大姐"等家政品牌，但是占整个市场 0.1% 份额的品牌公司尚未出现。

行业主体目前的主要经营模式也不利于行业的健康发展。据调查，超过 95% 的家政公司仍采用"中介式家政服务公司"模式。这种模式准入门槛很低，资本要求很小，无严格的组织形式要求，一个电话，一张桌子，两把椅子，一做广告，公司就开张营业。一旦出现纠纷，马上关门消失。"中介式家政服务公司"靠收取家政员和雇主间介绍费生存，家政员工被推荐到雇主家后，与公司大多没有任何关系。中介模式也是造成家政服务员数量不稳定、流动无序原因之一。"员工式家政服务公司"由于准入门槛较高，利润又较低，市场比例很小。现存的一些"员工式家政服务公司"由于生存环境困难，也未能很好地履行培训员工、监督员工服务、及时缴纳员工保险、协调雇主和员工关系等义务。

行业组织的不规范，诚信缺失，一方面造成目前雇主寻找家政服务员仍然以"熟人介绍"为主要渠道，限制了行业主体的发展空间。据调查，通过熟人介绍选择家政服务员的比例仍旧占到55%左右。另一方面会产生经济学上所讲的"劣币驱逐良币"现象。不规范的企业太多，雇主为规避风险，选择家政公司和家政服务员时会"逆向选择"，从而使一些优秀的家政企业和优秀的家政服务员开始一段时间总受到不公正的待遇，造成无法忍受低报酬的企业或个人最终会离开这个市场。现在，当务之急是尽快规范行业主体，建立行业标准，信息透明，降低双方交易成本。

三、从业人员整体素质偏低

家政服务员受教育程度普遍较低，文化水平有限，综合素质不高。家政服务员普遍缺乏现代化生活用品的操作技能，缺乏科学的护理知识，更不懂得营养搭配、合理膳食，还缺乏与用户的沟通技巧。广西师范大学李艳梅等（2008）调查显示，家政服务员在被雇用之前，"受培训并获得证书"的仅占6%，"受过培训但没有获得证书"的占26%，"从未受过任何培训"的占68%。由于缺乏岗前技能培训，较为严重地影响了服务水平和质量，是造成供需结构性矛盾的主要原因，但也非常无奈。由于法律的空白和出于自身利益的考虑，家政公司通常拒绝承担培训家政服务员的义务，极少对服务员进行系统专业化的技能培训；同时，虽然多数家政服务员渴望接受专业化的技能培训，但由于生活贫困，囊中羞涩，希望马上上岗赚钱，也就不愿支付高额费用接受培训。在这方面，需要政府在财政上有所支持。

家政服务员素质偏低也是造成和雇主不能和谐相处，关系紧张的主要原因。根据广西师范大学李艳梅（2008）在调查雇主与家政服务员的相处情况时得出，仅有8%的用户认为"很好"，认为"较好"的也仅占20%，"凑合"的占34%，认为"很差"的比例高达38%。调查进一步显示，造成用户与家政服务员不能融洽相处的原因是多方面的。其中认为家政服务员文化素质差，无法沟通的占18%；认为家政服务员缺点毛病多的（如不诚实、贪心、懒惰、攀比等）占14%；认为家政服务员是外人的占30%；认为用户与家政服务员的层次不同的占38%。而与此同时，家政服务员的自我满意度普遍较低，有60%的家政服务员认为与用户之间只是一般的工作关系，认为用户对待自己很好的只有14%。绝大多数的家政服务员感觉得不到用户真正的信任与尊重。所以，加强家政服务员"非技能素质培训"，提高员工整体素质，营造诚信氛围，迫在眉睫。

四、行业发展环境亟待优化

（一）社会认识仍存在误区

尽管人们对家政服务的认识有所改观，但受传统思维和习惯定式的影响太深，人们对家政行业认识上存在一些误区。典型表现有：第一，认为家政服务业地位低下。一方面，从业人员自身认为家政服务是"服侍人"的工作，把它作为就业的最次选择和无奈之举，缺乏长久就业的信心；另一方面，整个社会对家政服务业认识也不到位，没有意识到家政服务业是促进经济发展，拓宽就业渠道，提高居民生活品质的现代服务产业；部分消费者没有把家政服务业与其他服务行业平等看待，对待家政服务员缺乏应有的尊重。这些陈旧落后的思想观念束缚了家政服务业的壮大和发展。第二，认为家政服务与女性等同。在他们看来，家政服务干的就是家务劳动，仅适合女性来做。在这样的观念影响下，需要家政服务的客户倾向于寻求女性家政服务员，家政服务机构也倾向于招聘女性家政服务员，这势必会导致该行业性别失衡和女性化加重，对行业的发展是极其不利的。第三，认为家政服务员都是"散兵游勇"，家政服务企业也无法做成规模。所以，很多人都不愿意涉足这个职业，甚至很多家政服务专业的毕业生都不愿从事本行业，这就使得发展高档家政服务所需要的较高层次管理人才非常缺乏。这需要政府加大宣传力度，引导舆论导向，逐渐改变社会观念，提高行业认识。

（二）行业法律规范不健全

从法律关系上看，家政服务一般会涉及三方主体：家政服务员、雇主和家政服务介绍机构或家政公司，由此产生了多种法律关系。其中产生问题最多的是雇主与家政服务员之间的雇佣关系以及雇主与家政服务公司之间的消费与服务关系。常见的问题有双方当事人权益得不到维护，出现纠纷不能很好解决。对家政服务员来说，常常出现超时工作、工资过低或拖欠，有时还会遭受雇主的辱骂、殴打、性骚扰等。而雇主有时则会遇到家政服务员偷工减料、服务质量差、擅自使用用户财物或偷盗、虐待老人甚至拐走孩子等问题。目前，还没有调整和规范家政服务行业专门的法律规范，争议处理机制还不健全。许多家政公司只把业务停留在中介，这使雇主和家政服务员在人身和财产安全方面少了应有的保障。按《劳动合同法》适用范围和有关司法解释，经中介介绍的家政服务员与雇主之间的关系是雇佣关系，因此并不属于《劳动合同法》的调整范围。

经过中介公司介绍进入雇主家工作的家政服务员，一旦与雇主发生纠纷，因雇方是家庭而非企业，劳动监察、劳动仲裁部门管不上，家政公司往往得以规避法律，拒绝承担责任。只能通过家政服务员、用户和家政公司之间的约定来解决。但是，在现实中，真正与家政服务员或家政公司签订家政服务合同的雇主数量很少。即使有的家政服务合同当事人签订了，但有时候也会在合同订立程序、内容、形式等方面存在大量问题，如合同形式不规范、合同缺少实质性内容、格式合同和"霸王条款"大量存在等，致使各方的权利常常很难得到维护。

（三）社会保障机制不完善

有资料显示，有60%的家政服务员在从事家政工作的过程中受过伤或生过病，并且有14%的人有过严重伤病，只有26%的人员未患过任何伤病。当家政服务员在工作中受伤或生病时，雇主的处理方式依次为：表示关心但不会出钱的占42%，让家政服务员回家自己治疗的占16%，将家政服务员退回中介公司的占12%，主动出钱为其治病的仅占10%。以上数据说明，家政工伤病问题是不能忽视的客观存在，但作为弱势群体，他们的伤病问题并未获得很好的保障。问题的原因在"保险费用由谁来负担"上存在分歧。李艳梅等（2008）调查结论为，认为应当由用户独立承担的仅占6%，认为应当由家政公司承担的占12%，认为应当由二者共同承担的占50%，认为应当由家政服务员本人承担的高达32%。

（四）行业监管责任不明确

长期以来，中国的家政服务业的主管部门不明确。家政服务经营者多数在工商局登记注册，也有隶属于前劳动和社会保障局的或者隶属于妇联、工会等组织的。前劳动和社会保障行政部门从促进就业和职业资格认定方面进行监管，例如，北京家政服务中介机构由北京市劳动和社会保障局核发《北京市职业介绍许可证》；民政局管理社区服务中心，其中涉及家政服务；质量技术监督局负责制定家政服务的质量标准；北京市家政协会由商务部资助并进行业务指导；公安局负责受理家政员工的人身权受到严重侵害的案件，家政员工伤害服务对象，盗窃或者损毁雇主财物数额较大案件等。这样多头管理导致低效，容易互相推诿。有的公安局对于家政员工的报案不愿受理，让受害者找其所在的家政服务公司解决问题，而对于雇主严重侵害家政员工人身权的案件，家政服务公司感到无能为力，使家政员工处于无助状态。在调研中，听到许多家政服务公司的管理人员说"家政服务业既不能没有婆婆，也不能婆婆太多"。

第四节　完善我国家政服务业的对策建议

以解决供需矛盾为核心，规范行业组织为龙头，加大培训从业人员力度为重点，完善相关法规标准为制度保障，制定相关政策和可行措施，进一步完善我国家政服务体系，提高人民生活质量，让人民工作和生活更有尊严。

一、以解决供需矛盾为核心，完成供需对接

供需矛盾既体现在数量上，又体现在结构上，背后的原因具有系统性和复杂性，几乎所有其他问题的解决都会促进供需矛盾的解决。我们认为解决问题的关键在于尽可能减少信息不对称，降低交易成本。就目前来讲，政府应该在以下方面有所作为，完成供需对接。

（一）加大信息化投入，搭建服务对接平台

商务部姜增伟副部长在促进家政服务业发展工作会议上指出："长期以来，制约家政服务发展的一个核心问题是缺乏有效的供需对接，导致居民找不到服务、不敢接受服务，而服务企业又不知道谁需要服务、需要什么服务，这很大程度上阻碍了居民服务消费的扩大。"为解决这一问题，国家已开始建设"家政服务网络中心"，此决策抓住了解决问题的关键。下一步主要应该继续加大信息化投入，扩大地域覆盖面，提高建设速度，保证建设质量，把各项计划落到实处。切实搭建一个对接供需双方的"信息资源库"和"交易

中心"。同时要支持供需双方"智能匹配技术"的研究，严格信息筛选制度的建设，健全其对接供需的基本功能，整合各类服务资源，便利居民消费选择，保障居民安全消费。

（二）促进本地化就业，化解"保姆荒"难题

就业本地化可以减轻城市就业和交通运输双重压力，而且可以很好平衡家政服务供需时间的阶段性，使"保姆荒"问题得到缓解。然而由于传统观念的影响，长期城乡差别造成"城里人"的优越感，以及家政服务人员收入水平比较低等原因，造成目前就业本地化的比例还很低。"促进就业本地化"有两种思路，一是通过逐步消除城乡身份差别和就业歧视，减少城乡收入差距，扩大城市社保覆盖范围，让外地人"本地化"。二是促使本地人进入家政行业。对于本地下岗失业人员，或有志于从事家政服务的本地高素质人才，政府应制定相应政策，免费对其培训，或给予相应创业资金支持。对于解决本地人就业达到一定比例的家政服务企业给予相应的税收减免。

（三）加快职业化进程，减少"非正规就业"

家政服务员的就业性质在总体上属于非正规就业。因为：第一，多数人没有正式劳动合同，雇佣关系不稳定；第二，劳动时间的弹性较大，工资不固定且较低；第三，法律保护力度小，权利救济途径少；第四，家政服务员就业门槛低，缺少相应资格认证，吸引了大批半文盲、低素质的求职者。家政服务业因其"非正规性就业"而阻碍了它的进一步发展，难以满足城市家庭中的高级需求。所以必须加快职业进程，减少"非正规就业"的负面影响。根据国家质量监督检验检疫总局发布的家政服务国家标准，实现家政服务职业化的途径应包括：培育家政服务的职业理念；统一家政服务员的上岗程序；划分职业等级并确定各等级所要求的技能、知识、经验和服务程序；形成职业教育培训体系；开展职业技能鉴定；为家

政服务员营造良好的职业环境；为家政服务员进行职业生涯设计。

二、以规范行业组织为龙头，带动行业发展

家政服务企业是提供家政服务、培训服务人员的主体，是带动行业发展的重要力量。企业运作不规范，服务质量难以提高；行业缺少品牌，企业难以做强；企业不创新经营，行业难以发展。要抓住行业主体这个龙头，带动整个行业发展。

（一）设立准入标准，规范行业管理

一个本来应该供需两旺的市场，却存在严重的结构性供需矛盾和较高的交易成本，而且市场集中度低，企业主体鱼龙混杂，说明存在一定程度的市场失灵。而且这个市场又是一个关系民生和弱势群体就业的市场，所以需要政府的介入管理。要在政府部门推动下建立并逐步细化行业标准，适当提高市场准入条件，加强行业监督管理，建立健全家政服务业协会，严厉打击非法职介，优化家政服务市场，以促进家政服务市场的长远发展。

（二）培育行业品牌，引导行业发展

行业品牌可以汇聚人力、财力和物力资源，提高组织的辐射力和影响力，起到行业示范和引导行业发展作用。尤其在一个供需信息不对称的行业，品牌还能够起到保证服务质量，增强双方信心的作用。相关部门要重点培育一些理念先进、管理规范、有良好社会美誉度的家政服务企业成为行业知名品牌。

（三）创新运作模式，扩大企业规模

针对目前行业主体的"小、散、弱、乱"局面，应加快引入推广现代商业流通方式，实现企业的规模化、连锁化。连锁通过统一标识、统一宣传、统一标准等规范化管理整合资源、降低经营成

本、扩大影响力。支持"员工式家政服务公司"，强化"中介式家政服务公司"管理。根据北京、广州的实践，"员工式家政服务公司"运作方式如下：家政服务公司→招聘家政服务员培训→派遣就业→客户（雇主家庭）。其核心在于公司直接与客户签订服务合同，公司与家政服务员签订劳动合同。家政服务员成为公司的职员，由公司联系客户，派遣到客户家庭工作，由公司发给工资，公司实行全过程的跟踪服务和督促。采用"员工式"运作方式还可以增加客户的安全感和信任度，对于客户有相当大的吸引力。

（四）发挥社区作用，服务低端市场

近来，一些城市社工委正在向社区派驻社区工作者，增加社区组织的力量。社区工作者面向社会招考，普遍素质较高，为社区居委会职能拓展提供了人力资源支持。可以把低端家政服务纳入社区管理，服务低端客户。社区居委会的"常设性"和"就近性"可以增加雇主信任度，利于开展工作。同时，居委会参与也便于加强领导。对于高端家政服务，政府可以减少干预，采取公司化运作，完全让市场去调节。

三、以员工教育培训为重点，提高服务质量

加强教育培训是解决家政服务人员整体素质偏低，提高服务质量，解决供需结构性矛盾的重要途径。各级相关部门应充分发挥行业协会、培训机构和企业的作用，做好从业人员的岗前培训和就业期间的再培训。

（一）培训内容要按需设置

培训要按需设置，满足顾客个性化、多层次需要。对于一些特殊的细分市场，可以采取"订单式培训"。据悉，目前在高端家政服务市场中，越来越多的客户宁愿多花20%~30%的费用，要求对服

务人员进行"订单培训"。在国外，这样的"订单培训"不仅要考虑到雇主的具体要求，还要结合服务人员的特长、兴趣。培训时间一般要几个月，即便上岗后，培训也不会中断，会根据雇主要求不断补充新技能、提升服务水平，变成"终身学习"。

（二）重视非技能素质培训

除了必要的知识技能和操作技能外，培训应特别重视非技能素质的培训。因为家政服务具有人文性，与服务对象"零距离工作"，会出现很多影响服务质量和雇主是否长期接受的非技能性问题，非技能性素质培训包括很多内容：如从家庭主人到服务人员的角色意识转变；职业认同感教育；自信心、控制力、耐挫性等意志品质教育；诚实守信、遵纪守法、不泄露客户隐私等职业道德教育；学习能力的培养等。培训方式应多种多样，将上课讲解、情景教育、进入家庭做实验、观摩等方式结合起来效果可能会更好。

（三）推动大学家政学科教育

要使家政培训有良好的文化教育基础，推动家政职业化发展，还需要推动教育部门和学校介入家政教育和研究。目前，美国有许多大学设有"家政系"，还有很多大学专门设立了"家政学院"，甚至培养家政专业的研究生、博士生。菲律宾高级家政人才能够享誉海外，首先是因为他们受教育的程度较高，多数都具有本科文凭。国外著名家政专家杜威博士曾说过，"与大量表面光鲜、内容空洞的所谓社会职业相比，家政是一个更加崇高的行业……对美国人民而言，再没有其他科目比发展家政科学更重要的了。"我们认为，国外在家政教育上的做法值得我们借鉴。政府部门要积极推动我国家政教育院系的设立，增加教育科研经费的投入。

四、以完善相关法规为保障，营造良好环境

（一）加强宣传引导，转变社会观念

针对社会对家政业不重视、从业人员没信心、顾客对家政服务人员不尊重、男士不愿做家政等问题，相关部门要充分借助报纸、杂志、广播、电视、网络等媒体及论坛、招聘会、讲座等活动，通过树立典型的手段大力倡导家政服务新理念，积极营造有利于家政服务业健康发展的良好社会氛围。一是面向社会宣传家政服务的重要意义，推介优秀家政服务企业，使社会充分认识家政服务业在推动产业结构优化升级、促进就业、构建和谐社会中的积极作用，引导社会都来关注、支持家政服务业的发展。二是面向广大求职者宣传家政服务业发展的新形势，引导他们转变以往那种认为家政服务"低人一等"的不正确观念，使他们认识到从事家政服务业既是个人谋生的手段，也是在为他人服务、为社会作贡献，帮助他们消除思想障碍，克服自卑心理，坚定从事家政服务工作的信心。

（二）完善法律规范，保障双方权利

据调查，比利时、菲律宾、瑞典、马达加斯加等国家很早都有针对家政人员的相关法律。目前，我国只有很小比例的家政服务员能进入《劳动合同法》这个基准保障范围，而通过个案维权和少量的志愿者的服务，远远不能达到维护整个家政服务员群体权益的目的。缺少标准的用工合同，为通过民事诉讼保障员工和雇主权利带来困难。所以，应该制定专门的《家政工人权益保护法》，规范用工合同，分步骤制定相关保护规则，让我国家政服务员获得"体面劳动"。

（三）健全社保体系，解除后顾之忧

发展家政服务必须建立、健全社会保障体系，主要包括：①建立家政服务员人身、财产保险制度，包括家政服务员与客户双方的人身伤害、财产损失保险，增加家政服务员的安全感。②为家政服务员提供医疗、失业、养老等社会保障。中央政府和地方各级政府应采取各种积极措施，扩大社会保障的覆盖面和实施范围，将家政服务员纳入到社会保障制度中。

根据企业经营方式采取不同保险缴纳方式。员工式的家政公司，应积极向当地社会保险经办机构申请办理社会保险登记，为员工办理工伤保险和医疗保险。如果家政公司只是"中间人"或者没有中介，家政服务员则可以购买商业保险中的人身意外伤害、医疗疾病等保险。保险金可采取由用户和家政服务员个人按比例分担的形式缴纳。此外，对于以赚钱为目的、流动性又非常强的非本地家政服务员，提高对保险的认识，建立保险费异地结转制度是必须要做的工作。

（四）明确监管主体，加大支持力度

家政服务人员的许多权利都与劳动和保险有关，所以应以人力资源与社会保障部门为主要监管部门。但是，管理家政服务业是一项系统工程，需要各部门的分工协作，绝非单一部门所能胜任，需要工商、物价、民政、公安和税务等行政管理部门作为协助管理部门。

家政服务业的特点之一就是社会效益大于经济效益。企业收费过高，就无法体现"以人为本"，服务市场也难以发展；企业收费过低，又会造成"收不抵支"，影响企业的生存与发展。要走出这种"两难"困境，就需要发挥财政税收杠杆的引导、支持作用，在行业发展的初期阶段，对服务组织建设和从业人员培训等方面予以倾斜。对于好的企业，还要在税收等方面积极予以优待，为家政服

务业发展营造良好的外部环境。

第五节　家政服务体系未来发展模式

根据我们的研究，要想使我国家政服务水平上一个新台阶，使家政服务员工作起来舒心、消费者消费起来放心，推动家政服务体系健康发展，走网络化、职业化和连锁化经营模式是必然选择。

一、网络化模式

现阶段，网络越来越成为人们生活中不可或缺的一部分，网上购物也成为人们消费的新方式。目前，网络应用虽然在我国发展较为迅速，可是在家政服务这方面却几乎是空白。政府职能部门不可能挨家挨户地去监督家政服务的状况，更不可能每时每刻地关注着家政服务公司的状况。如果通过利用网络，向公民提供家政服务公司的有关信息，并对每一家公司所售出的服务进行跟踪调查，在网上建立群众评议等站点，便能更好地对家政服务进行管理。消费者也不用盲目地去找家政服务公司，这些公司可以在网上开店，消费者可以通过建立的群众评议来选择群众评价较高的公司，以保障安全性。

（一）网络信息供应

家政服务网络化模式的构建首先应以市场为导向，政府加强监督的方式是建立起"家政服务网络信息中心"。家政服务网络信息中心建立的目的是通过网络向消费者提供家政服务公司的相关信息，消费者可以登录相关的页面免费了解家政服务公司的情况，每个家政服务公司为一个板块，当消费者点击之后便能在相应的板块中显示出这个家政服务公司的基本情况：公司介绍、拥有员工人数以及能够提供的服务等，并且可以提出自己的需求。家政服务公司也可以通过家政网络信息中心来了解顾客的需求，以便能更好地作出市场定位。

（二）网络消费

消费者可以通过登录家政服务网络信息中心来挑选符合自己需求的家政服务公司。首先，消费者可以看到已经购买此公司服务的消费者对其的评价，然后择优来选择自己满意的公司。其次，家政服务网络信息中心可以提供网络购买的方式，当消费者确定了想要购买某一个家政服务公司的服务之后可以在网上进行支付交易。

通过网络进行交易，我们可以借鉴淘宝网的交易支付模式：当消费者确定购买某一个产品并网上交易成功，但没有收到产品的时候，消费者给卖家的费用先由淘宝网的支付宝保存，一旦消费者收到产品并且满意之后，这些费用才转到卖家手中。对于家政服务而言，当消费者确定购买并且网上支付成功之后，家政服务公司要以最快的速度在顾客指定的地点见面并签订合同。在此之后顾客所支付给家政服务公司的费用便能到达卖家手中。这样既方便了消费者的购买，消费者不用挨家挨户地去考察情况，在家里便能购买到自己满意的服务，又能使消费者的购买物有所值。由于家政服务公司良莠不齐，消费者很难判定出哪个公司适合自己的需求，往往是花了钱却买不到自己需要的服务，但是如果通过浏览消费者对某个家政服务公司的评价，以及家政服务公司可提供的服务项目，便能挑选自己喜欢的家政服务公司。

（三）网络评定

消费者在购买了相应的家政服务之后，可以在购买的那家家政服务公司页面内对其服务进行相应的评价。评价的标准可以分为四个等级：①非常满意（即对家政服务公司所提供的服务持肯定的态度，能够满足顾客的需求）。②比较满意（大体上能够满足顾客的需求，某些地方略有不足）。③服务一般（服务水平一般，没有什么出众的地方）。④不满意（服务较差）。顾客也可对此家政服务公司的服务提出意见以及进行批评等。每当顾客评价完成之后，此公司的页面便会显示评价的等级、提出的建议等，以便帮助其他有意愿的顾客进行挑选、购买。

（四）网络监督

拓宽网络监督渠道，通过在家政服务网络信息中心建立群众举报信箱等，及时地对家政服务公司的服务进行检查、监督。并开设"与群众面对面"等活动，充分地了解群众的情况及群众所反映的普遍问题，以便家政服务公司及时改正。对于问题反映较多的家政服务公司，相关部门调查情况属实之后，严令责其改正，如屡教不改者加大惩罚力度。

二、职业化模式

加速家政服务行业职业化模式的建设是顺应我国社会主义市场经济的必然要求，是不断满足人们日益增长的物质文化需求的重要保障。随着我国社会经济的发展，人们的需求不仅仅限于旧时较为单一的家政服务项目，而是趋向于多元化。多元化需求是指顾客希望聘请一个专业技能强、服务项目多的家政服务员。例如，对于老人的照顾，一个家政服务员不仅要能照顾老人的衣食起居，而且还要能够陪老人聊天、散步、看电视等。如果把这些服务项目放在前些年，雇主至少需要聘请两个家政服务员，一个为老人做饭、洗衣服等，另一个则负责陪老人聊天。职业化模式就是要把复杂的"家务活"变简单，把需要两个甚至三个人的服务变成一个人来做。家政服务的职业化可以从以下方面得以体现：

（一）科学培训

对家政服务人员进行科学培训的主要目的是提高家政服务员工的素质、服务技能、服务水平等。

1. 制定统一、实用的培训教材。

2. 开设实用性较强的家政服务培训机构，以满足消费者的不同层次的需求。

3. 加强专业技能实际操作的培训。

4. 严格从业资格证书的水平、等级管理，适当提高从业门槛。

（二）划分等级

针对家政服务人员的技能水平以及服务领域，可以把家政服务人员分为四个等级：

1. 初级家政服务。初级家政服务人员主要是针对于大部分家庭而制定的服务标准。初级服务人员主要是负责单一项目的家政服务，如做饭、接送孩子上学等。大部分家庭中，单一项目的家政服务足以满足雇主的需求，由于初级服务人员的人数较多，消费需求较大，所以对于初级服务人员的素质要求显得尤为重要。初级服务人员要懂得家政服务的基本技能以及日常生活中的基础服务技巧。初级家政服务标准的制定原则为：让生活更放心！

2. 中级家政服务。中级家政服务人员主要针对于城镇中生活条件比较好的家庭而制定的服务标准。现阶段，顾客已经不满足于"传统型"的家政服务人员，而是更倾向于"现代型"的家政服务人员了。现代型指的是家政服务人员有较高的综合素质、较高的专业知识、较高的文化水平。最后一点所提到的具有较高的文化知识是现代型家政服务人员的主要特点，也是中级服务人员标准的要求。顾客希望家政服务人员不仅能做家务，还要有能力为子女辅导功课等。例如，大学生保姆便是迎合这一需求的最佳选择。大学生是社会上公认的知识水平较高的群体，大学生可以利用自己的课余时间参加家政服务人员的培训，在培训后以及相关水平合格后便可以上岗，他们既能帮助雇主打扫卫生，又能根据自己所学的知识为中小学儿童当家教。河北省率先引入了经过严格培训后的"大学生保姆"，在家政服务市场中受到了广大消费者的欢迎。中级家政服务标准的原则为：让生活多点知识！

3. 高级家政服务。高级家政服务人员主要针对于经济条件好并且对于家政服务要求较高的家庭制定的服务标准。对于高级家政服务人员有严格的标准及要求。作为一名高级家政服务人员能够辅导孩子学习，清洁卫生，照顾老人、小孩儿，仅有这些是不够的，高级家政服务人员不仅要懂得基本生活常识，如卫生常识、生理常识、法律常识等，而且要能够为雇主的家庭生活做各式各样的安排，如安排周末郊游、为孩子制订周期计划、为老人制订健康锻炼计划等。高级家政服务标准的制定原则是：让生活更美好！

4. 星级家政服务。星级家政服务的服务对象较高级家政服务就更少，主要针对于国外市场而制定的标准。在国内，有一些外国人到中国投资并且可能长时间地居住在中国，他们是很难找到合适的家政服务人员的，一是语言的障碍使得雇主与家政服务人员无法有效地进行沟通，二是由于国内的家政服务人员对国外文化和生活习俗了解很少，在服务于国外顾客时常常按照中国的习俗，这便造成了不必要的问题出现。因此就需要一批既能够与国外顾客沟通，又了解国外文化习俗的家政服务人员，这些服务人员由于家政市场供小于求，所以工资较前几个等级的工资高。

星级家政服务人员要具有以下几方面的技能：①能够用外语进行日常的对话。语言是加强人与人之间沟通的桥梁。星级家政服务人员要在语言方面下工夫，在日常生活中能够用外语及时地与雇主进行沟通，这既能知道自己在哪方面存在不足，又能与雇主聊天，消除雇主客在他乡的思乡之情。②充分了解国外的文化以及生活习俗，并且能够烹制西餐。目前国内的家政服务人员大多只有中专等学历，对国外的文化习俗了解并不多，在充分了解国外习俗之后能使国外雇主有一种在自己家乡的感觉。这点对于提高家政服务水平至关重要。

我们也可以借鉴美国模式，培训男性家政服务人员。在人们的传统观念中，家政服务人员都以女性为主，很少有男性家政服务员。但是在当今社会，对于男性家政服务员的需求越来越大。例如，一些饮食起居有困难的人，特别是生活不能自理的老年人，有些时候需要家政服务人员帮助他们做一些事情，如把他们抱上床、换洗衣服等。因此，男性家政服务员工的市场前景很广阔。星级家政服务标准的原则为：让家随行！

（三）以标准促规范

1. 制定行业标准，加大监督力度。首先，出台相关政策以及法律、法规，以保障消费者的合法权益。现阶段相关法律、法规的缺失已成为抑制我国家政服务行业发展的首要问题。家政服务工作人员的权益缺乏基本的保障。因此，急需出台相关法律、法规，使工作人员能够放心、安心地为人民服务。由于目前在我国城镇家政服务行业比农村要发达得多，所以要推进家政服务业在中西部、农村的发展，通过出台相关政策使家政服务业向中西部、农村倾斜。其次，加大政府的监督力度，拓宽监督渠道。各级政府应当充分了解家政服务行业对于整个社会的作用，要把发展家政服务业提到议事日程之中。各级部门要加强联合，教育部门要加强对上岗员工的培训、指导，工商部门要加大监督力度，对于侵犯顾客权益的家政公司要给予严厉的惩罚，净化家政服务行业。不断利用群众监督，设立群众举报信箱等，及时了解群众所反映的情况。

2. 加强宣传，营造和谐氛围。社会氛围以及群众的印象对于家政服务行业尤其重要。通过电视等媒体广泛地宣传家政服务的作用以及优秀的家政服务行为，使群众更加深入地了解家政服务行业。据相关报道，南京市有关部门曾利用《南京日报》以及电视媒体等大力地宣传家政服务，使得社会舆论明显改善，一时间当地寻求家政服务人员的顾客量急剧上升，有效地推动了家政服务业的发展。

充分利用模范效应。通过进行群众评议，选出优秀的家政服务人员或家政服务公司并对其进行宣传，营造一种模范效应，使得家政服务业内的其他员工都以其为榜样，进而能推动家政服务业的整体发展。

3. 转变思想观念。首先，转变就业者的思想观念。由于传统思想的束缚导致许多无业人员宁可去当超市收银员也不愿意从事家政服务这个行业，"面子"问题已经成为家政服务业发展的"瓶颈"。要加强对于在职家政服务人员的思想教育，使他们明白家政服务业对于促进社会和谐、安定有着重要的意义。让他们明白自己所从事的事业并不是"掉面子"、"丢人"的事业，而是一份光荣、有意义的事业，从而在精神上提高家政服务人员的积极性。

其次，转变群众的思想观念。由于现阶段我国家政服务制度不完善等原因，导致了许多消费者对于家政服务人员并不放心，这也是影响家政服务业发展的一个重要原因。这就需要各部门相结合，在对家政服务进行宣传时，着重宣传那些优秀的从业人员，给消费者留下好印象。

（四）拓宽人才供应

鼓励高校创建"家政服务"学科，使一部分大学生可以专门学习、研究家政服务业，进而为社会培养出一批家政服务人才。我们也可以借鉴菲律宾模式中通过政府的有力支持使家政服务走向世界，但是由于制度等体系的不完善，我国只有很少部门的从业人员具备了国际上普遍认定的标准，所以针对于我国的现状，我们可以先从国外引进人才。通过国外人才的引进，学习他们的优点，弥补自己的缺点，从而提高自己的业务水平。

三、连锁经营模式

连锁经营模式是借鉴于麦当劳、沃尔玛等成功经营案例。其目的是通过创立品牌，从而吸引加盟商投资并在全国甚至世界范围内开分店，在统一的经营模式、统一的公司管理、统一的服务水准下为顾客提供服务。这样才能使家政服务业的行业准则、员工的行为规范更具有统一性。

（一）加盟资质审评

对于家政服务公司的加盟商来说，最重要的一点就是要求加盟商要充分了解家政服务这个行业。只有了解家政服务是干什么的，家政服务的对象是哪些人，这样才能有效地进行管理。

（二）店铺监督

对于店铺的监督是做好连锁家政服务业的难题。由于分店较多，总部不可能每个分店都派一个员工进行监督，这样就要求我们通过之前所介绍的网络模式中的网络监督对各家分店进行有效的、及时的监督。通过登录家政服务网络信息中心查找各地的分店，然后进入到群众评议的页面，通过浏览群众的批评及建议来及时地对分店的情况进行总结，提出改进意见等。

（三）规范化服务

对于连锁经营模式下的家政服务公司员工的服务必须要有更高的要求。其中所有的服务人员（包括各个分店的服务人员）在顾客没有特别要求下必须穿着统一的服装，有统一的服务口号。所有分店的服务程序、服务标准以及经营模式都必须按照总店的标准执行。

（四）统一培训

总店可以把全国的各个分店划分成几个不同的区域，每年安排一部分时间对每个区域内的家政服务管理人员进行统一的培训，特别是要有自己的培训组织，定期对新招收的员工进行培训、指导。

第六章 再生资源回收利用体系

再生资源回收利用体系建设是生活服务业建设的重要组成部分。再生资源回收利用体系建设水平是衡量现代社会经济发达程度的重要标志。我国正处于全面建设小康社会和工业化、信息化、城镇化、市场化、国际化加速发展时期，已初步具备支撑经济又好又快发展的诸多条件。加快发展再生资源回收利用体系建设，是推行低碳经济、加快转变经济增长方式的重要一环，是有效缓解能源资源短缺的瓶颈制约、提高资源利用效率的迫切需要，是优化环境、开发"城市矿山"、提升城市建设水平、实现综合国力整体跃升的有效途径。加快发展再生资源回收利用体系建设，是形成较为完备的服务业体系、开发"城市矿山"提供满足人民群众物质文化生活需要的低碳产品，并成为吸纳城乡新增就业的主要渠道，也是解决民生问题、促进社会和谐、全面建设小康社会的内在要求。为此，必须从贯彻落实科学发展观和构建社会主义和谐社会战略思想的高度，把加快发展再生资源回收利用体系建设作为一项重大而长期的战略任务抓紧抓好。

第一节 国家再生资源回收利用体系的发展格局

再生资源回收利用是生活服务业体系的重要组成部分，其发展服从和服务于社会经济发展总体目标以及其在城乡主体功能中的分工与定位。

再生资源回收利用体系由"废弃物→源头分类→回收→运输→分拣（再生资源集散市场）→加工→利用→消费"的资源再生循环全过程构成。基本构造是：建设以国民支持为基础、以垃圾减量与分类为起点、以回收为中心、以分类交易市场为纽带、以合理利用为归宿、以环境清洁文明为目标的资源循环利用体系。该体系置于流通业整体建设与环境保护的总体工程中，其发展取决于社会经济发展水平和国民意识的觉醒，同时又服务于社会经济发展、城乡建设，造福于人民生活。

改革开放30多年来，再生资源回收利用回收体系发生了很大变化，功能逐步完善。我国原有各级物资（包括金属回收）和供销合作社废旧物资回收公司两大体系。随着市场经济的发展，原有的回收体系由于人员分流、退休而逐步减少；特别是物资管理部门撤销以后，一些地方物资和供销社系统的回收公司所起的作用下降。另一方面，进城务工农民大量进入回收行业，以企业或工业园区为龙头的、利益导向的社会回收体系也逐步发展壮大，所起的作用越来越大。

近年我国再生资源回收利用体系建设在克服种种困难中持续发展，主要表现为再生资源品种回收利用总量小幅上涨，回收总值继续提高，进口总量持续增长，对促进我国资源循环利用，节能减排，保护环境，发展循环经济起到了重要作用。

一、2009 年我国再生资源回收总量初步调查情况

2009 年的统计数据已于 2010 年 7~8 月正式公布，初期数据显示，2009 年再生资源回收总量 1.4238 亿吨，比 2008 年的 1.2256 亿吨增长 16.2%。2009 年的数据统计如下（见表 6-1）。

表 6-1　2009 年主要再生资源国内回收量

名称	单位	2008 年	2009 年	同比增长（%）
废钢铁	万吨	7060	8060	14.2
废有色金属	万吨	196	260	32.7
废塑料	万吨	900	1025	13.9
废纸	万吨	3128	3673	17.4
废轮胎	万吨	314.3	392	24.7
其中：				
翻新	万吨	34.3	45	31.2
再利用	万吨	280	347	23.9
废弃电器电子				
数量	万台	9670	12400	28.2
重量	万吨	259.7	333	28.2
报废船舶				
数量	艘	35	260	642.9
重量	万轻吨	7.3	15	105.5
报废汽车				
数量	万辆	170	230	35.3
重量	万吨	391	480	22.8
合计（重量）	万吨	12256.3	14238	16.2

注：2009 年最终数据需等 2010 年 7~8 月统计数据公布后采集，此数据仅供参考。

二、2006~2008 年我国再生资源回收总量情况

以 2006~2008 年统计数据为考察依据，2008 年，我国再生资源回收总量继续上涨，废钢铁、废有色金属、废塑料、废轮胎、废纸、废弃电器电子、报废汽车、报废船舶八大类别的主要再生资源回收总量达 1.23 亿吨，较 2007 年的 1.15 亿吨增长了 6.89%；较 2006 年的 1.03 亿吨增长了 19.26%，平均增长率为 9.27%。其中，回收量增长较大的有废弃电器电子和报废汽车，较 2007 年分别增长 44.12% 和 132.74%；回收量减少的是废有色金属和报废船舶，分别减少 32 万吨和 4 万吨（见表 6-2）。

表 6-2　主要再生资源品种国内回收情况

序号	类别	2006 年	2007 年	2008 年
1	废钢铁（万吨）	6550	7010	7060
2	废有色金属（万吨）	207	228	196
3	废塑料（万吨）	700	800	900
4	废纸（万吨）	2262	2765	3128
5	废轮胎（万吨）	221.6	298.4	314.3
5-1	其中：翻新（万吨）	26.6	31.4	34.3
5-2	回收利用（万吨）	195	267	280
6	废弃电器电子			
6-1	数量（万台）	4348.4	5632.5	9670
6-2	重量（万吨）	138.5	180.2	259.7
7	报废船舶			
7-1	数量（艘）	58	223	35
7-2	重量（万轻吨）	12.4	11.3	7.3
8	报废汽车			
8-1	数量（万辆）	90	84	170
8-2	重量（万吨）	180	168	391
	回收总量（万吨）	10271.5	11460.9	12256.3

三、2006~2008 年我国再生资源回收价值增长情况

2008 年，主要再生资源回收总值达 4147.58 亿元，较 2007 年的 3213.69 亿元增加了 933.89 亿元，增幅为 29.06%。其中，废塑料增加了 190 亿元，报废汽车增加了 47.3 亿元；废有色金属减少了 64.2 亿元，报废船舶减少了 0.81 亿元（见表 6-3）。

表 6-3　主要再生资源品种国内回收价值表

单位：亿元

序号	类别	2006 年	2007 年	2008 年
1	废钢铁	1277.25	1700	2330
2	废有色金属	385.2	508.2	444
3	废塑料	352.8	437.9	628.2
4	废纸	305.6	403.1	496

序号	类　别	2006 年	2007 年	2008 年
5	废轮胎	38.7	63.9	72.3
6	废弃电器电子	38.7	50.5	80.5
7	报废船舶	2.35	2.19	1.38
8	报废汽车	20.5	47.9	95.2
回收总值		2421.1	3213.69	4147.58

近年回收总量显著增长的主要原因在于：第一，再生资源回收体系建设的试点工作正在深入开展，促进了回收体系工作水平的提高；第二，扩大内需、刺激消费、以旧换新的政策措施，使废旧物资总量增加；第三，产业结构调整、企业优化升级、技术改造力度加大，使应报废物资器材量增加；第四，淘汰落后产能，改变粗放式的增长方式，更换高耗能、高排放、高污染、低效率的设备和生产装置，使设备报废量增加。

四、再生资源回收利用体系建设成果显著

（一）管理体制和政策体系不断完善

1. 强化再生资源回收管理。试点城市成立了以市政府主要领导任组长，有些城市还是市长、市委书记亲自挂帅，由商务部门及发改委、工商、公安、财政、环保、税务、规划等部门共同参与的再生资源回收利用体系建设工作领导小组，完善组织机构，统一规划部署，各部门齐抓共管，分工协作，完善了行业管理体制。同时，还制定了一系列推进再生资源回收体系建设工作的配套文件，明确了规范前端、物流配送、专业分拣的思路，确立了 90% 以上回收工作人员纳入规范化管理，90% 以上的社区设立规范的回收站点，90% 以上的再生资源进入指定市场进行规范化的交易和集中处理，再生资源主要品种回收率达到 80% 的目标，为管理和规范回收行业的健康发展奠定了基础。各试点城市根据商务部联合国家发展改革

委等五个部门颁布的《再生资源回收管理办法》（商务部令 2007 年第 8 号）要求，全面开展再生资源回收经营者备案工作，备案单位已达到 23819 个，北京、天津备案登记率达 60%以上。此外，还开通了回收经营者网上备案系统，并准备建立回收行业管理信息系统和统计指标体系，逐步实现行业管理的电子化、信息化，填补行业管理基础的空白。

2. 完善再生资源回收政策。在资金政策方面：试点城市政府在力所能及的情况下，突破有关政策的界限，给予了财政资金支持。如北京市和上海市分别拨付专项资金 2000 万元和 4500 万元支持试点建设工作；浙江省每年给予龙头企业 1000 万元专项资金补贴；成都市财政给予每个绿色回收站点每月 500 元的直接补贴；沈阳市政府给予回收网络体系承建单位政策性补贴 30 万元，每个回收站点每月补贴 500 元。 在税收政策方面，有些城市财税部门严格按照国家财政部、税务总局《关于再生资源增值税政策的通知》（财税〔2008〕157 号）精神，制定了明确的退税步骤，确保退税工作的顺利进行。如天津市发布了《关于对我市适用退税政策的再生资源回收经营者进行年度经营审核工作的通知》（津商务流通〔2009〕3 号），明确了年度经营审核工作的重要性、做好年度经营审核工作的方法步骤和做好年度经营审核工作的几项要求，对促进再生资源回收行业发展起到了积极的推动作用。此外，试点城市的公安交通部门在回收的运输环节，工商、环保、城建等部门在网点和市场的规划和建设中，打破常规，简化手续。所有这些，都为回收体系的建设乃至生活服务业体系的配套完善创造了良好的政策条件。

（二）再生资源回收网络体系逐渐规范

分步推行以回收站点为基础、集散市场为核心、龙头企业为载体的多种收废方式并存的再生资源回收网络体系。

1. 收废方式多样化、便捷化。 除传统的交售方式外，网络收废、电话预约收废等方式已进入百姓生活。人们在房间里只需动动手指就会有正规的回收人员在您规定的时间地点上门收废。如上海市新锦华公司开展了在线回收废旧物资的新功能，覆盖面达到全市9个中心城区；贵阳市结合现代网络技术，开创收废网站，实施上门收废服务等；重庆市尝试"活动式回收亭"灵活回收城市再生资源，并且开展了"绿色回收进高校、绿色回收进机关、绿色回收进社区"的"三进"活动。

2. 提升回收站点水平。按照便于交售原则，采取新建、取缔、规范等方式，在居民社区设立了"七统一、一规范"的回收站点，改变过去走街串巷散兵游巷式的回收方式，有效解决了摊点设施简陋、占道经营、污染环境、监管困难、群众意见大等问题，方便了居民及企事业单位交售废旧物资，也完善了社区服务功能，美化了环境，维护了社会稳定。如吉林市对再生资源回收亭的样式、门脸、面积和字号，实行统一的标准；江苏物联集团发展跨区域再生资源连锁经营，市场占有率不断扩大。在规范建设网点的同时，各地还积极探索创新营销方式，采取多种经营业态，调动居民交售废旧物资的积极性，实现更加便捷的服务。

（三）集散市场功能不断强化

通过加强市场基础设施和环保设施的建设，提升了行业的科技含量，逐步将原有功能单一的交易市场升级为交易、加工、集散为一体的再生资源市场。改变了原有废旧物资市场无照经营、非法经营，乱设摊点、乱收乱售的现象，形成了一批符合城市总体规划和环保要求的，具有一定规模、设施先进、专业化的集散市场，保证了资源的可控性。如天津市英驰集团不锈废钢集散基地与北方不锈钢交易市场本部对接，形成市场交易与仓储配送基地联动互补的废钢炉料、废不锈钢集散—交易—物流配送供应链，实现了对再生资源的专业分拣和产需衔接，推动了再生资源回收加工向规模化、连锁化、产业化发展；北京中兴公司引入先进的废纸打包生产线，可以将废纸进行高密度、低体积压缩，每分钟即可压缩一个约1立方米、重一吨的废纸包，不仅改善了工人的工作环境，减少了劳动强度，提高了工作效率，而且便于仓储运输、不易燃烧，推动了行业技术进步，带动了行业回收效益和加工处理水平的提高。

（四）产业链条更加清晰

长期以来，废旧物资回收单一经营格局正在改变。近年来各地企业在回收体系建设的同时，大力发展再生资源回收的加工利用，在回收产业化方面进行了可喜的尝试。上海市再生资源回收体系建设试点工作开展以来，坚持行业高起点和市场化运作模式，鼓励再生资源专项经营，培育并形成以废玻璃、废弃电子物等为主的再生资源产业化链条。天津市将废旧轮胎回收网点与"海泰"沥青、"军超"橡胶对接；将废纸回收与天马纸业回收加工公司对接，通过将分拣中心与加工利用中心合作的方式，不仅规范了再生资源的流通，也延长了回收企业经营链条，扩大了经营规模。江苏物联利用废旧木材开发的木塑复合材料及其制品，已远销海外，并应用于北京奥运场馆等工程，创新了产业链条，提升了回收体系的价值。

（五）龙头企业作用更加显著

有条件的城市充分发挥骨干企业的作用，按市场规律，收编和规范个体经营户及个人，在社区内设立回收站点，采取上门及网上收购等多种方式进行回收，使经营秩序越来越好。同时，有些龙头企业以生产为纽带，整合网络资源，建立加工利用项目，延伸产业链条。通过构建"企业主体＋政府主导＋行业自律＋公众参与"的长效机制，形成规范、公平、有序的再生资源回收利用体系，解决了生产原料来源问题，降低了企业生产成本。

（六）再生资源利用企业的技术水平有所提高

尽管我国大量的中小型再生资源企业技术水平较低，主要是小作坊或手工操作。但形成规模的一些企业，加工利用技术水平较高，一些企业引进国外的先进生产线；一些企业联合国内外的科研院所开发研制了适合中国废物特点的处理设备或装备，有些设备或装备已经出口到国外；一些合资或外资企业使用先进的装备和生产设备。所有这些，有效促进了我国再生资源产业技术水平的提高。

（七）试点城市工作顺利展开

试点城市工作的意义在于：首先，进行试验、探索，揭示循环寂静、低碳经济的基本意义；其次，总结的经验、得出的规律和探索的方法具有推广的价值和广泛实施的可能性。事实上，当前我国城市及辖区在资源循环利用乃至环境保护方面具有许多的共同点，试点城市的工作，既充分考虑当地的实际需要和可能（即经过当地人民的自觉努力，对亟待治理的资源品种给予长期有效的回收、利用），又要切实保证在条件相似的城市便于迅速推广。试点城市选择的是资源充裕、具备基础、初期经验、特色和积极性；同时，试点项目具有广泛应用前景、便于借鉴推广、便于联合作业、便于扩充规模且便于升级提高的回收、加工、利用方式，以确保示范效应的广泛发挥。

目前通过商务部和财政部牵头，率先选择在直辖市、计划单列市和省会城市开展试点，取得经验后再逐步向地级及以下城市推开。通过完善再生资源回收的法律、标准和政策，形成再生资源回收促进体系；通过建立回收企业和从业人员培训体系，规范改造社区居民回收站点、分拣中心和集散市场，使城市90%以上回收人员纳入规范化管理，90%以上的社区设立规范的回收站点，90%以上的再生资源进入指定市场进行规范化的交易和集中处理，再生资源主要品种回收率达到80%，逐步形成符合城市建设发展规划、布局合理、网络健全、设施适用、服务功能齐全、管理科学的再生资源回收体系，实现再生资源回收。

2008年，在商务部试点城市再生资源回收体系建设项目审核验收中，一批城市达标通过验收，其中包括4个直辖市（北京、天津、上海、重庆），6 个省会城市（石家庄、西安、成都、昆明、贵阳、沈阳），2 个地级市（永康、吉林）。共培育 55 家龙头企业，配备各类回收车辆 9500 多辆，建立 7 个再生资源回收网站，14000 多个回收站点、115 个专业分拣中心和 58 个集散市场达到了商务部制定的建设标准，这些城市的经验与做法在各地生活服务业体系建设与完善中加以推广。

2009 年，在第一批 26 个试点城市取得成果的基础上，第二批试点初步确定有 29 个城市和 11 个集散市场。

（八）取得了显著的经济效益、环境效益和社会效益

1. 经济效益和环境效益。"十五"期间，我国回收的再生资源总量约 4 亿吨，年均回收量约 8000 万吨，年均增长率在 12% 以上。"十一五"初期，我国废金属、废塑料、废纸等主要再生资源的年回收总量达 10275.5 万吨，总值 2420.98 亿元，约占当年 GDP 的 1.15%。铜、铁、铝等矿产资源是不可再生的，但废钢铁、废铝等则是可以反复利用或循环利用的。开发利用这些资源，不仅可以增加资源供应，还可以减少自然资源开发对生态的破坏和污染物排放，从而减轻经济发展的资源环境压力。没有原生资源的地方，通过废旧物资的回收利用或进口废物的拆解加工，发展形成了相关的原料生产基地。

如浙江台州，江苏太仓，广东清远，湖南汨罗、永兴，以及天津等地的再生资源加工园区。减少能源消耗和废物排放，有助于实现"十一五"节能降耗减排目标。废钢铁、废铝、废塑料等生产时消耗能源资源，属于载能产品；用来生产新的产品可以达到节能、降耗、减排的效果。

有关研究表明，每利用 1 吨废钢铁，可生产新钢 0.85 吨，节约铁矿石 2 吨，节能 0.4 吨标准煤，少产生 1.2 吨矿渣；利用 1 万吨废纸，可生产纸浆 8000 吨，节约木材 3 万立方米，节能 1.2 万吨标准煤，节水 100 万立方米，少排放废水 90 万立方米，节电 600 万

吨瓦·小时。"十一五"期间我国每年回收利用各类废物约相当于节能 11484.19 万吨标准煤，约占年能耗（24.6 亿吨）的 4.6%；减少二氧化碳排放 239.71 万吨，占排放总量（2594 万吨）的 9.24%；减少化学需氧量（COD）排放 125.8 万吨，占 COD 排放总量（1431 万吨）的 8.8%。分年度考察：

2008 年，主要再生资源回收总量达 12256.3 万吨，回收总值为 4147.58 亿元，回收利用再生原料与利用原生材料的能耗、物耗和污染物排放相比，都有明显的节能、降耗、减排的效果，共节能 13094.5 万吨标准煤，占全国总能耗量 28.5 亿吨标准煤的 4.6%，减少废水排放 742219.3 万吨，减少二氧化硫排放 288.0 万吨，减少固体废弃物排放 167426.4 万吨。其中，废纸的节能减排贡献最大，节能 6100.3 万吨标准煤，减少废水排放 406685.4 万吨，减少二氧化硫排放 10.2 万吨，减少固体废弃物排放 7866.4 万吨；报废船舶的节能减排贡献最小，节能 9.6 万吨标准煤，减少废水排放 247.7 万吨，减少二氧化硫排放 0.5 万吨，减少固体废弃物排放 121.2 万吨。

2009 年，再生资源国内回收总量为 1.4238 亿吨。这与利用原生资源相比，有显著的节能减排效果：节能量 2.16 亿吨标煤，占 2008 年全国总能耗 28.5 亿吨标煤的 7.6%；减排废水 95.27 亿吨，占 2008 年全国废水排放总量 750 亿吨的 12.7%；减少 COD 排放量 235.73 万吨，占 2008 年全国 COD 排放量 1320.7 万吨的 17.8%；减少 SO_2 排放量 459.67 万吨，占 2008 年全国 SO_2 排放量 2321.2 万吨的 19.8%；减少 CO_2 排放量 5.3 亿吨，占 2008 年全国 CO_2 排放量 58 亿吨的 9.1%；减少固体废弃物产生量 7.01 亿吨，占 2008 年全国固体废弃物产生量 19 亿吨的 36.9%。

2. 社会效益。再生资源回收业效益潜力巨大，同时又是生活服务业不可缺少的部分，直接反映了城市面貌和管理水平。起步较早的地区，再生资源回收已经成为带动城乡发展的支柱产业，社会效益显著。

（1）促进了就业。通过建设回收网点、培训回收人员，吸纳了大量的下岗人员和农村富余劳动力。帮助困难家庭减困脱贫，促进了城市的发展与和谐社会建设。

（2）改善了环境。通过建设再生资源回收体系，解决了以往回收网点"脏、乱、差"局面，改善了城市环境。比如昆明市把回收体系建设作为创建文明城市、园林城市的重要指标和举措，启动了"再生资源回收与创建文明城市同行"系列活动，取得了很好的效果，同时促进了社会秩序好转，维护了社会稳定和居民生活秩序。吉林市通过回收体系建设和规范管理，使得与行业相关的治安案件发案率由 33% 下降为 15%。

（3）提高了从业人员素质。在回收体系建设过程中，各地加强了培训工作，建立了培训制度，通过对管理人员开展回收政策、法规方面的培训，通过针对基层回收从业人员特别是农民工进行的加强思想教育和专业技能的培训，提高了从业人员的素质和服务水平。

第二节　再生资源回收利用体系建设中的困难与问题

一、管理方面的困难

（一）难以有效形成和落实规划

再生资源是随人类社会发展而不断生成、永不枯竭的资源，是必须进入经济循环体系的，问题是我们给予怎样的考虑。再生资源回收利用体系既是现代城市发展规划的组成部分，又是流通业发展规划的组成部分。编制各类发展规划时，再生资源行业的发展规划往往得不到重视，以致再生资源回收利用体系建设、网点规划设置缺乏规划依据。即使有了规划用地，也要服从或让位于其他项目。这显然与再生资源处于社会生活链末端的特点有关——各地都要求整洁、美观、文明，须臾不可离垃圾处理，同时又都不愿面对废品的空间堆积与转移的现实，这也是自古至今、由中到外共同的难题。虽然有关部门已做了大量工作，规划与用地问题不断列入议事程序，尽量降低其脏、乱、差程度。但目前仍有一些收购站（点）为临时用地，自发形成，有的证照不全，有的在城区内见缝插针，有的临街设点，也有的在城乡结合部的路边场院。这些收购站（点）乱搭乱建、设施简陋，货物堆放杂乱无章，易形成再次污染扩散，也存在火灾隐患，威胁市民的安全、健康，损害城市形象。

（二）法规方面的缺失

从总体上看，再生资源回收利用法规不完善。我国只有《固体废物污染环境防治法》，没有再生资源开发利用方面的法规，也没有再生资源利用条例。对废弃物主要强调了处理处置，对回收利用在法律上不够明确。如《报废汽车回收管理办法》，强调"五大总成"须以材料形式回收，虽然对规范报废汽车市场、减少安全隐患起到一定的作用，但也使含于产品的附加值全部丧失。当然，如果汽车使用过度会多耗油而降低能源利用效率，但如果报废汽车只能回炉也不利于资源的高效利用。发达国家根据"谁污染，谁治理"的原则，实行生产者责任制，回收费用一般由消费者承担；消费者随意丢弃废旧汽车或废旧家电，将会受到经济处罚。随着私车的快速普及以及家电的大量更新，这方面的工作应尽快跟进。另外，我国虽然在有关法律中明确了产品回收责任，但缺乏具体的实施细则，回收主要由利废企业完成，增加了回收利用企业的生产成本，这也是我国再生产品价格高于原生产品价格而难以进入市场的重要原因。

（三）行业管理的难点

再生资源企业基本上都是在市场机制调节下自发形成并发展起

来的民营企业，多数企业处于粗放型经营状态，导致产业管理有序性不足。针对整个再生资源产业发展的法规体系，相应的从业准入、市场准入规则和技术标准难以颁布实施，给再生资源的分类、鉴别、贸易和利用带来困难。而且在积极推进废钢铁、废有色金属、废纸、废塑料、废旧轮胎、废旧家电及电子产品、废旧纺织品、废旧机电产品、包装废弃物等的回收、分拣集散和循环利用环节、在支持汽车发动机等废旧机电产品再制造环节、在建立垃圾分类收集和分选系统环节等，我们都需要针对行业有特点的、有效的、规范的管理办法给予长期管理。尽管我们不断摸索完善，但由于行业的特殊性和复杂性，还有大量的工作需要做。另外，在国家统计体系中，要求统计规模以上企业再生资源状况，但再生资源产业的很大一部分是规模以下企业，从而导致我国再生资源统计失真。

二、技术方面的问题

（一）资源回收率低

当前我国各地不易回收利用的再生资源丢弃严重。据测算，我国可以回收而没有回收利用的再生资源价值达 300 亿~350 亿元。每年约有 500 万吨左右的废钢铁、20 多万吨废有色金属、1400 万吨的废纸及大量的废塑料、废玻璃等没有回收利用。由于废旧物资零星分散，回收、加工、运输费用高，销售价格低，难以形成经济价值，致使很多品种回收量减少，与实际生成量相差很大，资源流失严重，再生资源回收利用率与世界先进水平国家相比差距较大。如我国每年丢弃的镉镍电池（二次电池）2 亿多节（有集中回收，无加工利用）；废旧家用电器、电脑及其他电子废弃物的回收利用问题也未解决。

（二）经济效益低下

废旧物资回收利用企业普遍经营规模小，工艺技术落后。尽管国家有一些政策鼓励和扶持废旧物质回收行业的发展，但目前绝大多数废旧物资回收加工企业仍旧是微利或无利，产品的技术含量和附加值较低，导致再生资源回收利用企业难以为继。调查显示，得以长久发展的企业，多是在政府的支持下以新养旧、以盈补亏、以彼业补此业。

（三）再生产投入不足

再生资源回收利用技术开发投入严重不足。由于资金投入少，技术开发能力弱，导致废旧物资加工处理工艺落后，技术及装备水平极低，没有能力引进或采用新技术、新工艺、新设备，与再生资源加工处理相伴的环境污染物难以妥善处理。即使市场上有先进适用的技术，也由于缺少资金而难以推广应用。大部分再生资源的加工处理技术十分落后，与资源综合利用和环境保护的要求差距甚远，其直接后果是无再生产的能力。

第三节　建设完善再生资源回收利用体系的对策措施

一、建设完善再生资源回收利用体系的原则

（一）现实性与发展性相结合

再生资源回收利用体系是由多个地区、多个治理目标、多个项

目共同构成的动态系统。其中，一部分项目具有实施的现实性和可行性，可在短期内投入运作；另一部分项目需要在解决诸如技术条件、经济条件、政策条件等之后才具备成功实施的可能；还有一部分项目是根据资源供给和治理需要提出的远期设计，它需要经过多方面的通力合作，联合攻关，才具备上马的条件。总之，在总体上，本规划追求的是在现代城市的各种约束条件下对资源再生利用的充分化、市场化、产业化、规范化、合理化的运作模式，由于规划总是要通过相应阶段来具体实施，因此在时序安排上应有所区分、有所侧重。

（二）局部与全局相结合

再生资源回收利用体系建设要与城市或地区总体发展相匹配。高起点项目的实施，既是试点与示范，又是再生资源回收、加工、利用总体工程的局部执行。因此，应注重社会资源和社会产业的优化配置，力求按系统工程方法将有关部门有序地组织起来，将可利用的资源按市场规则调度起来，而摒弃传统的部门、局域单干的做法，以避免低水平、小规模的"小而全"和影响市容市貌的"一哄而起，遍地开花"的不利后果。项目设计为未来与全市的环境保护和资源循环利用的总体规划实施相连、相容而留有规模扩充的空间和产业升级的余地。

（三）经济效益、社会效益、环境效益相结合

首先，项目确定与选择要充分考虑在资源循环利用过程中生产要素（资金、物质资料、劳动、经营管理量）的占用、投入、消耗与产出之间的数量比例关系。在要素投入总量和结构一定的条件下，成果产出量越大越好。这是评价项目经济价值的基本尺度和客观依据。其次，要考察项目对带动相关产业发展，促进就业，提高人民生活水平，优化生活质量，推动社会进步的贡献程度。这体现了项目社会效益之大小。另外，同样要注重项目的发生对提高资源

利用率，改善环境状况，改善人类对环境和资源的使用、依赖的程度，这表明项目的环境效益水平。本规划的项目遴选和组合兼顾了经济效益、社会效益和环境效益的和谐统一。

二、完善再生资源回收利用体系的措施

（一）加大投入力度

再生资源回收体系建设作为产业化发展的战略基点，作为规模化发展的基础链环，作为集约化发展的前端高地，需要集中力量，加大对再生资源回收体系建设和产业发展的资金投入力度，加大对再生资源重点产业、重点基地、重点项目的支持力度，建立健全投资融资支撑体系、产业配套支撑体系和创新支撑体系，全面推进再生资源产业转型升级和科学发展。为加快经济结构调整和发展方式转变，再生资源领域是节能减排、循环经济和生态环境建设的重要内容和重要组成部分。因此，大力开展再生资源回收利用，加快再生资源产业发展，既有加大投资力度的迫切需要，又有获取有效投资的资金条件。当前，再生资源领域应建立政府投入、企业自筹和社会投资以及其他投资相结合的多元化投入体系，为再生资源产业调整结构、优化升级、加快发展、培育新兴产业、形成新的经济增长点提供资金支持。一是政府投资支持再生资源重点区域、重点项目建设；支持再生资源领域公益性、基础性的建设项目；支持再生资源产业的研发创新、成果转化，推广应用的项目。通过政府投资，引导和带动民间资本、社会资金向再生资源领域进行投资，逐步实现从政府投资拉动为主向社会投资拉动为主转换。二是建立再生资源领域的创业基金、专项基金和产业投资基金，为项目启动、技术改造、产业发展提供资金支持。三是建立政府支持的信贷担保公司，形成信贷担保机制，为再生资源回收利用、深度加工、技术创新和园区建设提供信贷担保的支撑。四是拓宽融资渠道，完善

直接投资环境，开辟直接融资渠道，构建多层次、多功能的资本市场。

（二）提高技术水平

再生资源本身是一种良好的优质资源，长期以来由于处于粗放型、分散性、低水平的回收利用和经营状态，造成资源浪费，环境污染，产品质量低劣，这种状况既缺乏市场竞争力，更缺乏市场话语权，不仅难以解决当前生产经营中存在的困难和问题，还会为今后产业发展积累新的矛盾，更无法在以后新一轮产业技术革命中谋取有利地位。因此，提高工艺、技术、设备水平，提高分选、分拣、分离技术水平，提高初级加工、深度加工和再制造技术水平，是再生资源领域当前与长远亟须重视与解决的重点问题。在建设再生资源回收利用体系的进程中，要把依靠科技进步、技术创新、工艺路线、设备研制、成果转化、示范试点和推广应用作为中心环节和重要抓手，以技术进步支撑回收利用体系建设，以回收利用体系建设推动技术进步。为此，一是开展再生资源各行业"产业技术路线图"的理论研究和实践应用工作，努力开拓再生资源领域自主创新、集成创新和引进消化吸收再创新的新思路和新方法。二是积极构建产学研用相结合的创新系统和创新平台，紧密结合再生资源行业的实际，进行共用技术和关键技术的攻关，进行工艺技术设备的研制和生产，进行生产作业的研发和配套，使再生资源领域技术有新突破和新亮点。三是建立再生资源产业的系列标准和规程，坚持开放、融合和国际化的原则，组织各方面力量，结合国情，深入企业，面向市场，瞄准国际，实施再生资源标准化战略包括技术标准、产业标准、工艺标准、设备标准和管理标准等。使再生资源领域成为提供优质原料和产品的增量资源，使产品质量有新的提高和新的竞争力。

（三）构建逆向物流

再生资源的逆向物流指废旧物资在回收利用、加工处理过程中产生的物流活动。包括收集、分类、初加工、仓储、装卸、运输、配送等重要生产经营要素，是对产业发展起着促进或制约作用的重要载体。构建逆向物流，一是注重再生资源逆向物流系统建设，形成运量大、运费低、效率高、环境好、服务优、专业性强的一体化物流运营体系。二是加强再生资源逆向物流软硬件配套建设，形成具有再生资源特色和功能的绿色物流链条。硬件包括装卸机械、传送装置、运输设备、集装包装、仓储设施以及车站码头等；软件包括信息管理、库存管理、数字通信、网络运营、配送方式、多式联运以及节点与线路选择等。三是发展再生资源第三方逆向物流，发挥第三方物流设备齐全、设施配套、结点网络畅通、高效集中配载、廉价配送服务的优势，使再生资源行业的上、中、下游企业集中精力做好专项业务，减少企业投资额度，减少企业内部库存规模，减少固定资产建设与维护费用，使企业内部固定成本转化为可变成本，从而提高再生资源行业的整体效率和效益。

（四）推行垃圾减量和源头分类

政府有关部门牵头推广节约消费、低碳消费以及垃圾源头分类。推行各种垃圾回收利用的现代科学技术，如可降解的垃圾分类回收袋、分类箱等；改造基础设施，投资垃圾车辆、箱桶、垃圾处理设备等。社区要对单位和居民进行节约消费、低碳消费以及垃圾源头分类的教育，讲述节约消费、低碳消费以及垃圾源头分类方法，把节约消费、低碳消费以及垃圾源头垃圾分类要求落实到户，并监督垃圾分类落实情况。单位和居民是基层的执行者，要做到生活垃圾分类投放。加强对生活垃圾处理中各个环节的管理是实现垃圾分类回收的保证。

（五）国民资源意识植入

从国民基本道德的高度，从人类社会必须走可持续发展之路的高度，开展精神文明教育，提倡节约消费、低碳消费以及垃圾源头分类，使其可以从人与自然之间物质循环畅通的角度来认识减废和发展资源再利用业的重要性，进而才能在消费实践中讲求理智消费、清洁消费、节约消费、低碳消费以及垃圾源头分类，并支持、参与节约消费、低碳消费以及垃圾源头分类，从而加速全社会习惯的养成。通过长期工作，为再生资源的回收利用全方位的发展奠定认识基础和社会基础。通过持续、全方位、多种形式的宣传，达到对资源科学利用的国民意识觉醒和国民行为支持。以资源再利用活动为契机，唤起国民"资源高效利用，资源节约利用，资源永续利用"的自觉性，形成全民关注、全民参与的社会再生产全过程的资源节约局面，即低耗生产、低耗流通、低耗消费，从根本上全面提高资源利用率。在此基础上，实现生产环节优先采用再生原料，流通环节积极营销再生产品，消费环节自愿接纳再生产品。

我国已进入"十二五"规划建设时期。未来的再生资源回收利用体系的建设要遵从科学发展观和构建社会主义和谐社会战略思想，以"十二五"规划为准则，围绕建设资源节约型和环境友好型社会的目标，倡导"节约消费"、"低碳经济"、"循环经济"，在充分利用、规范和整合现有再生资源回收站点和渠道的基础上，结合各地的建设和发展规划，对回收体系进行统一规划、合理布局、规范建设，形成以社区回收站点为基础、集散市场为核心、加工利用为目的，点面结合、三位一体的再生资源回收网络体系，提高回收集散加工能力，促进再生资源行业健康、有序地发展，构造科学、合理的生活服务业体系。

第七章　洗染业体系

第一节　我国洗染业现状

洗染业是指从事衣物、布草及皮革制品洗涤、熨烫、染色、织补、涂饰保养等经营服务的行业。其在第三产业中的地位也愈加明显，尤其在繁荣市场经济、方便群众生活、安置劳动就业等方面发挥了巨大的作用。

改革开放以来，我国洗染业属于快速发展的行业之一。从原先师傅带徒弟、大量靠手工业为主的劳动密集型行业，发展到自动化、机械化、连锁型、集团型、多种经营方式占有一定比例的现代型洗染业，逐步进入了稳步发展阶段。

据统计，1979年我国仅有洗衣店3000家，从业人员不到3万人，经过20世纪80代的初步发展以及90年代的快速发展，洗染业蓬勃发展，进入相对成熟的发展阶段。根据2003年的不完全统计，全国已有洗衣企业（店）、宾馆饭店、医疗及团体单位的洗衣车间约60万家，从业人员400万人左右，年营业额约400亿~500亿元人民币。其中，属于国有经济形式的（包括改制中的国有企业）单位约有16000家，占洗染企业总数的8%左右，属于股份制集体经济的单位约有24000家，占洗染企业总数的12%左右，其余的是中小型洗染企业和为数不少的家庭作坊式的洗衣店，占洗染企业总数的 80%左右；投资百万元以上的大型专业洗染公司占市场份额最多，能达到 45%左右，中小型洗染企业和为数不少的家庭作坊式的洗衣店占据了市场份额的 35%左右，宾馆、酒店、学校、医院等单位附设的洗衣房（车间）占市场份额的 20%左右。

而目前洗衣店规模已达 100 万家左右。全国洗涤业的市场总量近年来一直在高速提升。20 世纪 90 年代中后期，全国洗涤业市场总量不到 200 亿元人民币；如今洗涤业市场总量在 450 亿~500 亿元人民币之间，是发展迅速的行业之一。

随着人们生活水平的不断提高，新型面料及相关制品的不断更新，洗染业的经营服务活动也在不断发生着变革。如原有的衣物染色和织补服务在洗染业务中所占比例明显下降。同时，洗染业的迅猛发展也推动了洗涤设备、洗涤原料等相关企业步入快速发展的轨道。1999 年干洗机销售量就达 2 万多台（套），洗涤设备制造厂家已达 600 家左右。目前，市场上干洗设备中，四氯乙烯干洗机约占 85%，其中全封闭、二次回收的机型销售量呈上升趋势，而开启式则相对下降；石油溶剂干洗机约占 15%，多为开启式；还有极少部门采用其他溶剂的干洗设备。

从洗染企业的经营管理模式上看，可以分为五种业态：

一、以连锁或加盟为经营模式的洗染企业

这类企业以创立品牌为发展战略，实行连锁、加盟，以统一的管理模式和形象标识，使用统一的配套洗涤设备和计算机网络服务系统，凭借数量多、价位合理、服务比较规范的优势，进行多点分散收活、集中工厂洗涤，或是前店后厂、分散经营，服务的主要内容是客衣洗涤。根据美国商务部的统计，独立开办洗衣店的业主成功率不超过 20%，而加入洗衣连锁体系的干洗加盟店业主成功率高达 90%以上。由于正规的洗衣连锁体系能够弥补个人经营的诸多不

足之处，洗衣连锁店经营已成为开办干洗店最佳经营模式。这类洗染企业年营业额可以达到 100 亿元，约占全国洗染业年营业额的 25%，在城市社区洗染服务中占有主导地位。

二、以洗布草为主的水洗工厂

这种业态主要指宾馆、医院、学校等各类社会团体内设的洗衣工厂（车间）和专业的大型洗衣工厂。社会团体内设的洗衣工厂，原来主要是承担内部的洗涤业务，随着单位的改制和一些单位后勤服务社会化的改革，为了提高经济效益，很多洗衣厂也开始面向社会承揽洗涤业务；大型专业洗衣工厂主要是近十几年发展起来民营的股份制企业，它们生产能力强、规模较大。但是，市场竞争也很激烈，很多企业已出现"吃不饱"的现象。随着设备的更新换代、企业的整合，特别是像洗衣龙等洗衣生产线的应用，大型现代化水洗工厂已在我国显露雏形。这类洗染企业年营业额可以达到 200 亿元左右，约占全国洗染业年营业额的 50%。

三、规模较小经营相对独立的单店

这类企业基本上是个体经营企业，他们设备比较配套，以比较便捷的服务及相对较低的价位，在城市社区洗染服务中占据了重要的地位。有些企业还兼有衣物鞋帽修整、代售鲜花等多种经营项目。初步估算，这类洗染企业年营业额约在 90 亿元，约占全国洗染业年营业额的 23%。

但目前这类企业存在的问题也比较多。因为其中有一大部分是家庭作坊式的洗衣店，基本谈不上什么规模，存在服务不规范、技术水平低的问题，洗涤质量也很难得到保证。它们主要靠低成本、超低价位维持运营。它们的从业者大部分是下岗、失业、"4050"人员。这些企业虽然数量大，但在激烈的市场竞争中，生存日趋困难，亟待规范和扶持。更有一些无营业执照的单店不仅扰乱了洗染行业的竞争秩序，还损害了消费者的利益和行业的整体形象，严重影响了洗染行业的健康发展。

四、专业洗衣工厂（车间）

这类洗衣厂与社会化的洗染企业相比相对独立，业务对象比较单一，主要满足特殊工作环境或行业的要求，一般也不以经营为主要目的，如广州邮政等。营业额估计在 10 亿元左右，约占全国洗染业年营业额的 2%~3%。

五、自助式洗衣店

一般是采取自动投币式洗衣设备，店铺无人看守的经营方式。此种模式在发达国家比较多见，目前在我国自助式洗衣店仅限于比较发达城市中的高校和个别高档公寓区内。由于我国劳动力成本较低、经济不够发达、有些社会人员素质不高等原因，自助式洗衣店在今后几年内不会有较快的发展。这类洗衣店数量很少，营业额在全国洗染业年营业额的比例几乎可以不计。但它作为一种洗衣业态也会有所发展。

第二节　我国洗染业取得的成绩

我国洗染业经过近 20 多年的快速发展，现在已开始进入相对平稳、理性的发展时期。由于受到政府有关部门和社会的关注，以及行业协会作用的增强，越来越多的高学历专业人才、新技术设备和管理模式进入了洗染行业，这些都在逐步地改变着我国洗染业的人员结构和科技含量。归纳起来，主要取得了以下五方面成绩。

一、面向社区居民的洗衣服务蓬勃发展

20世纪60~70年代的洗衣店主要设在繁华商业区，例如北京的王府井、西单，上海的淮海路、南京路等地区，服务对象也主要是外宾和中高层干部。随着城市居民生活水平的提高，洗衣店在城市社区里也像雨后春笋一样涌现出来，为人们的生活带来了很大便利。

特别是20世纪90年代后期，洗染业发展处于高峰期，每年以2万家的幅度猛增。2000~2003年，增长幅度分别回落到1.9万、1.7万、1.5万、1.3万家。目前社区洗衣的主要消费群体还是集中在中、高收入家庭，它们的洗衣消费约占家庭生活消费的3%~7%。所以，企业在社区洗染服务的发展空间仍然很大，仍是我国洗染业发展的一个主要方向。社区洗衣店顾客群体相对固定，因此社区洗衣店的经营策略首要的是提高服务质量，其次是通过宣传卫生、健康、环保、提高生活品质等消费理念入手，增加消费频次来带动营业额的提高。

二、行业总体水平提升较快

我国洗染行业经过近20年的快速发展，总体水平有了明显提升，涌现出了一批规模较大、管理规范、设施齐全、服务质量较好的洗衣公司、大型洗衣店，形成了全国或地方性的知名品牌。这些洗染企业甚至在一定程度上已经取代了原来国营的老字号，成为洗染业的领军企业。如总部设在北京的荣昌·伊尔萨、福奈特、百福莱，它们从20世纪90年代初创业，现在已经是国内洗染业的知名品牌。

三、现代化程度明显提高

综观全国专业洗染店，已经从手工操作、家庭作坊式的经营，走向了现代化、机械化、自动化经营服务，基本上实现了洗涤机械化、自动化，整烫蒸汽化、电气化。洗染企业普遍运用干洗机、熨烫机、烘干机、平烫机、吸风烫台、蒸汽发生器、熨烫折叠机、去渍机等设备。一些企业还开始使用全封闭干、水洗机、人像机、万能夹板机、臭氧紫外线消毒柜、现代包装机、衣物输送线、电脑收银、自动存取系统等先进设施。

大型水洗厂（车间）的机械化、自动化程度也有了明显提高。特别是洗涤量大、自动化程度高、节能节水的隧道式（俗称"洗衣龙"）在我国部分大型水洗企业投入生产，将更进一步地促进大型洗染厂的现代化水平。目前全国已有多套隧道式水洗机投入生产，现在还有一些企业正在计划引进洗衣龙。这方面我国与发达国家的差距较大，以日本为例，其全国正在运行的洗衣龙约有 800 套。

隔离封闭式的洗衣设备也在部分医院洗涤和特殊洗涤单位得到了应用。在国家强化环保意识的大背景下，洗染业管理者的环保意识明显增强，投资决策中把环保、"三废"处理放在重要位置，不断引进全封闭、二次过滤、二次回收的第五代环保型洗衣机，并不断打出"生态洗涤、健康环保"的口号。

四、从业人员素质不断提高

洗染业的设备和技术的不断进步、衣物面料的不断发展，都对洗染业从业人员的业务素质要求越来越高，那种把洗染业看成"不需要多少文化、什么人都可干"的观念早已过时。很多企业已意识到了岗位培训的重要性，大部分企业把文化水平作为招工的基本条件，不少企业都专门设有培训中心，对新职工的业务培训制订明确的计划和标准，实行企业内部持证上岗。

近十年来洗染业管理层的人员文化素质明显提高，越来越多的高学历专业人才进入洗染行业，逐步改变了我国洗染业的人员结构。有些国内洗染业的知名企业，正是由高学历的"儒商"创立经营的。

五、洗衣行业协会作用增强

从 1988 年上海市率先成立洗染行业协会起，目前全国已有地方洗染行业协会 35 家，还有一些地方洗染协会正在筹组中。各地洗染行业协会配合政府有关部门制定出了一些行之有效的行业规章，对提高洗染行业的总体水平，促进洗染行业健康快速发展起到了非常积极的作用。

中国商业联合会洗染专业委员会自 2001 年筹组、2004 年正式批准至今，已与全国各地 200 余家洗染协会，洗染业相关企业、单位建立了联系，为促进全国洗染业的健康发展做了大量工作，包括 2002 年中国商业联合会配合前国家劳动部重新制定了《洗衣师》国家职业标准、编写了《洗衣师国家职业资格培训教材》；举办中国洗染业展览会以及全国洗染业职业技能竞赛；在全国洗染行业倡导"科技洗涤、绿色洗涤"，开展争创"洗涤十佳企业"活动；组织开展"洗衣师"技师和高级技师的培训工作；等等。

综上所述，目前我国洗染业发展的总体趋势是好的，已经开始逐步走向健康、平稳的发展阶段，特别是经过近 20 年的发展，一批优秀的洗染企业管理者成熟起来。2007 年 7 月 1 日，商务部、国家工商总局、国家环保总局联合颁布和实施了《洗染业管理办法》，使我国洗染业发展具有规范运营的法规。我国是一个潜在的洗染消费大国，随着人民生活水平的不断提高，人们的洗衣需求在今后一个较长的时间内将持续上涨，因此洗染业的发展空间仍然巨大。

第三节　典型成功案例

20 世纪 90 年代起，一些企业引进外来洗衣品牌或管理模式，给我国的洗染业带来了较先进的经营理念、技术和管理。特许加盟经营的企业模式，在洗染业掀起了加盟连锁的热潮，各种品牌的洗衣店遍地开花，使我国的洗染业在短期内得到了快速的发展，不少新的洗衣品牌为大众所知晓，有些品牌店的发展令外国同行也感到惊讶。

一、奥运成就的洗染业品牌企业——荣昌·伊尔萨

荣昌洗衣连锁集团自 1990 年成立至 2010 已经 20 年，从家庭作坊式的经营发展成为一家专门从事"荣昌洗衣"洗染品牌的特许经营集团式连锁企业。经过 20 年的快速发展，荣昌洗衣连锁集团顺利完成了直营店、联营店和特许经营三种企业模式的顺利过渡。

从事洗衣行业 20 年来，荣昌服务集团从最初以清洗皮衣为主要业务的洗衣店，已经发展成为拥有占地 5000 平方米的设施齐全、工艺先进的皮货织物中央处理工厂、100 多家直营门市店、400 多家全国加盟店、1000 多家收衣网点的洗涤集团，并将业务扩展到了香港，"荣昌"品牌还被评为"全国十佳洗衣店"之一。

近年来，荣昌积极开展以直营和加盟连锁为主要扩张模式的全国战略布局。仅旗下的伊尔萨品牌洗衣，目前就已在全国建立了上海、天津、武汉和深圳等五大分公司，在大连、沈阳、兰州等地，建立了 15 个技术支持服务中心。2010 年，决定推出以北京市场为核心，先期辐射华北、东北、华南等地区的千店计划，目的是更好地服务于广大人民群众的洗涤服务需求，也是公司进一步完善全国

战略布局的重要举措。

公司已确定了短中期的企业战略目标，在遵循标准化、规范化的基础上快速扩张。同时筹划上市的准备工作，最终成为中国洗染行业的"麦当劳"。集团目前的网点还不够多，千店计划将按照"卫星店＋工厂"的模式，在超市、写字楼和中高档小区内布点，结合信息化和物流配送，改写洗衣行业的运营模式，同时开发"门到门"等多项针对家庭服务的增值服务。

从 1996 年成立之初，公司就明确了树立世界知名品牌的目标。奥运会上的出色表现无疑让荣昌·伊尔萨人离这个目标更近一步。作为洗衣领域北京奥运会独家服务商，在一个多月的时间里，荣昌凭借出色的工作实现了"零投诉、零失误"的诺言，员工在服务奥运的过程中更深切地感受到企业文化，产生了前所未有的凝聚力；公司更是在奥组委的监督下，实现了账目管理规范化等硬性指标。来自世界 200 多个国家的运动员更是在这一个多月的接触中知道并了解了荣昌洗衣。正是因为有过这样的经历，荣昌很容易就赢得了2009 年全国"两会"和十一大阅兵的订单。在北京构建国际商贸中心的大背景下，荣昌洗衣又荣获了"北京商业十大品牌"的称号，这无疑对荣昌今后的顺利发展打下了更坚实的基础。

二、技术革新促进洗染业发展——大连友邦洗衣

大连友邦洗染研发有限公司一直强调的是"技术革新"这四个字。虽然现在很多洗染企业都在强调服务、强调品牌，但友邦认为最根本的还是技术问题。为此，多年来友邦在洗染技术研发上投入了巨大的人力、物力，通过与日、韩、德、意等专业实验室合作，融合国际先进科技，在去渍、染色、织补等领域不断创新突破。现在友邦洗染针对洗衣店推出的衣物救治技术和产品已经达到近百项，几乎涵盖了洗衣店全部问题。这些技术也成为友邦的核心竞争力。此外人员培训也是友邦重点关注的问题，所有加盟者在正式营

业之前都要经过总部的系统培训。为使加盟店顺利进入稳定经营状况，提高处理疑难问题的能力，友邦总部设置的洗衣技术研究中心随时为加盟店出谋划策，为加盟店创造一个良好的技术交流环境，取长补短、互通有无、信息共享，使友邦洗衣店的技术水平不断提高。

三、主打绿色洗衣——象王洗衣

象王于 1998 年进入上海并设立总部，是第一个在中国大陆地区推广"绿色环保洗衣"概念的企业，并强调"质量才是品牌的生命力"。象王早期在国内推广"环保洗衣"的概念时面临许多障碍，包括行业自身的混乱、低质量的低价洗衣对产业信誉度造成的破坏、客户对洗衣技术认知模糊等。这之后的 5 年中，象王在国内经历了执著的市场摸索阶段，如今已逐渐树立了其专业化洗衣的品牌形象以及本地化的市场营销经验。象王洗衣连锁加盟店已在全国 24 个省、市、自治区开设了 170 多家，其中华东地区就达近百家。"象王洗衣"已成为目前国内洗衣业中唯一的从自行设计生产洗涤设备、原材料到洗衣技术培训、连锁加盟一条龙服务的专业企业。象王相信，随着生活消费水平的提高，洗衣产业在越来越规范的情况下，中、高层用户才是一个更大市场空间的所在，而随着用户需求的提高，市场必将会淘汰掉一批原材料和洗衣技术落后的洗衣店。

四、走国际化路线——布兰奇洗衣

布兰奇始终坚持自己是一个国际化的品牌，多年来在全球范围内致力于洗衣设备的生产、洗衣技术的创新、洗衣连锁的经营，拥有世界顶尖科技的全封闭环保型系列洗衣设备，独创诺莎卡特健康洗衣技术。诺莎卡特健康洗衣技术的特点是具有不断创新的演变能力，能够根据衣物面料的发展，不断革新出适合的洗涤方式，使衣物更健康、更洁净。在诺莎卡特严谨庞大的技术体系中，以易莎卡特去渍技术和法拉卡特熨烫技术最具代表性。易莎卡特去渍技术是绿色去渍技术的最佳表现方式，它利用先进的设备，在完美技术指标要求下，能最大限度保护衣物纤维的完整性和洁净度。

第四节　我国洗染业存在的问题

一、行业标准和管理规范滞后

由于政策、法规、标准的不完整，洗衣业也没有明确的准入门槛，致使整个行业各方面的运行不统一、不规范。虽然有一些地方出台了一些标准和规范性文件，但技术性能指标也不够统一、明确，甚至不够科学合理，影响其可操作性。

洗染行业的国家或行业标准正在起步阶段，而地方标准属于推荐性标准，企业不执行，也无法制约，且各地掌握的尺度相差太大；劳动和社会保障部门未将洗染业工种纳入技术工种范围，没有强制要求持证上岗，对从业者的技术水平也没有约束力；各地出台的投诉处理和赔偿办法，多是洗染协会制定的，有的虽征求过消协或有关政府部门意见，但因不是政府的规章制度，得不到社会的承认和法律的认可；环保部门对洗染业的环保要求也没有针对性标准，执行时与洗染业的特殊性不相符，也影响了洗染业的发展。

二、各地政府有关部门管理不到位，行业协会的作用发挥不够

洗染行业在商贸服务行业中是一个小行业，有些部门重视不够，更谈不上管理。有些管理部门还认为洗染行业技术含量不高、

入行门槛较低，是解决劳动就业的好手段，故监管也相对松懈。

各地行业协会力量较弱，经济没有来源，在行业企业中的号召力不强，活动开展困难，加上政府有关部门支持不够等原因，职能与作用难以发挥，在服务、协调、管理上也有一定困难。

三、企业设备落后、管理不规范

目前很多干洗店的设备已十分陈旧，远远落后于国外，设备密封性和可操作性较差，安全隐患重重。国内的洗涤机械设备都没有标注使用时间和年限，国外已过使用期的设备，在国内再次使用的也屡见不鲜。我国大多数干洗店还在使用一二代干洗机，环保意识强一些的城市使用三四代干洗机。而国外早在20世纪80年代就用四五代干洗机，现在有的已过渡到六七代了。目前除几个经济较发达的大中城市外，其他企业采用的四氯乙烯和石油干洗机绝大多数是开启式的，对环境和从业人员健康都有一定污染和危害。其他溶剂的干洗机，如溴化碳、液态二氧化碳、氟素的全封闭干洗机数量也很少。除少数大型企业外，多数洗染店水洗、干洗、烘干、熨烫、消毒及辅助机械设备等均不同程度地存在着不完善的问题。同时，还有个别干洗店为了节省房租和其他费用支出，存在洗衣空间狭窄、光线暗、室内无通风、工作环境恶劣、卫生状况差等问题。

从经营管理水平上看，制度健全、管理规范、服务质量好的是很小一部分，真正达到国际ISO9000质量体系和产品认证的更是少数。中小企业的经营管理者大多只具有洗染业务实践，缺乏现代管理知识和经验，与现代化管理和全面质量管理相差甚远。

四、从业人员文化、技术素质偏低

洗染行业是一项专业性很强的行业。随着服装面料的日新月异，要求洗染从业人员应具备过硬的专业技能和素质。但目前我国洗染服务业从业人员专业素质整体低下，技术水平参差不齐，经过专业培训持证上岗的较少，有近80%不懂专业技术，只有初中或小学文化水平，技术素质提高的难度较大，对设备使用、服装识别、干洗工序操作规范等缺乏了解，有的甚至连最基础的干洗、水洗都无法分清。以全国洗染业来看，80%以上企业的一线工人中具有洗衣师资格证书的约占5%，其中技师和高级技师不到10%。绝大多数中小企业从业人员是靠师傅带徒弟的办法，只会简单操作便上岗干活。因此，提高洗染从业人员的整体素质，已成为当务之急。大部分企业利润微薄，职工工资低，人员流动快，企业也不愿在职工培训上投入更多，这也是造成从业人员技术素质低的一个重要因素。

五、检测机构缺失、洗衣纠纷多

我国目前还没有一个相对独立且有权威性的洗涤质量检测机构。一些地方或企业虽然成立了检测站点，但设备简陋，检测手段有限，有些甚至仅靠一些有一定经验的老师傅目测，可靠性和说服力经常受到质疑，事故鉴定没有统一标准，尺度也很难把握。

今年全国上半年洗衣投诉率占到第三位，究其原因：第一，很大程度上存在服务不到位、洗衣质量差、技术力量不足导致的洗涤事故。第二，存在着服装市场不规范，假名牌、劣质服务充斥市场，给洗衣服务企业带来诸多问题。如服装着色牢度不达标，主辅料装饰物不能运用同一洗涤标准，造成洗涤过程中退色、搭色、变形等现象；服装洗涤标识混乱、错误等，导致经验不足的职工在洗涤前期的分拣时判断失误；假冒名牌的劣质服装进入正确的洗涤流程，也会造成变形、损坏。第三，宣传的误导及消费者对洗衣工艺的不了解，导致对洗衣消费认识上的偏差。如认为石油洗衣就是环保，四氯乙烯洗衣有毒，所有污渍都能去除，干洗比水洗档次高，洗衣过程不会有磨损等。导致消费者对洗衣效果的期望过高。第四，也存在有一些不法人员以假充真、以次充好，有意制造洗涤事

六、价格恶性竞争，服务质量低

随着干洗店发展的饱和与干洗店盈利水平的降低，各家把主要精力都放在了恶性降价竞争当中，导致大厂家成本高无法求利，小厂家价格低质量没有保证，投资人对行业发展缺乏信心，再加上行业缺乏法规，致使小厂家利用经营灵活、劳动力成本低、税收有漏洞、管理成本低等优势与大企业进行不公平竞争。这种低价位迎合了洗染业恶性竞争末期的阶段性需求，满足了小厂家低成本粗制滥造也可获利的目的。小厂家对于技术革新与产品质量重视毫无兴趣，而大企业由于低档产品竞争失利，损失了利润来源，缺乏了技术革新的投入，使大企业的设备制造水平，较大差距地落后于世界水平，而先进设备由于受税收的影响及进口商的暴利思想，致使进口设备投资现代化洗衣店的过程中单店投入设备资金规模太大，进而影响到具体经营者的盈利与投资回报，从而制约了现代化洗衣行业的发展。

这些问题的存在是由多种因素构成的，总的来讲，还是经济不够发达、洗染业总体水平低造成的。

第五节　措施建议

一、加速标准的制定和实施，优化发展环境

加速推进国家和行业各类标准规范的制定（修订）工作，同时抓好已实施标准的宣贯推行，净化全国洗染业市场，努力营造一个

科学、规范、有序的市场环境，避免行业内部的恶性竞争，损害行业的整体利益。参考国际惯例和发达国家对洗衣业的政策规定，结合我国特点逐步制定完善洗染行业和国家的行业标准，逐步在洗染行业推行准入机制。政策和标准制定上，应与相关部门协调一致，如与消协、环保甚至交管和城管等部门协调。

二、加强各地方协会与企业的培训合作

很多地方协会，长期开展职业资格等各种培训工作，有比较完善的培训体系，建立了顺畅的培训渠道，积累了丰富的培训经验。在这方面应加强各协会和企业间的合作和交流，取长补短，优势互补，共同把培训工作做好。

三、树立品牌战略，培植行业名牌

我国的洗染业经过广大洗衣人的辛勤耕耘，已创出了一些行业的知名品牌。但是总体上讲技术还不够过硬，中国是个潜在的洗衣消费大国，没有名牌带动全行业的发展，很难面对国际竞争。在政策上应对一些老字号、龙头企业给予扶植和支持，使其发挥核心和引领作用，带动整个行业的发展。

四、提高从业人员素质，集中进行师资培训

提高培训质量，教师队伍是关键。有了统一的标准、系统的教材，要培训出合格的人才，就必须要有合格的师资，高素质的教师队伍，才能培养出高素质的人才。教师的培训，重点是介绍行业标准和教材编写思想，明确教学重点，统一教学方法，了解国内外行业发展的最新动态，提高教学人员的讲课质量和水平。

五、建立洗衣质量检测机构

由国家行业主管部门出面，协调有关部门，多种渠道筹集资金，委托协会筹建洗衣质量鉴定中心，使洗涤质量的认定有一个公平的权威性机构，减少服务质量纠纷，既保护消费者权益，也保护洗染企业的利益。

六、规范经营行为，提高服务质量

"人无信不立，事无信不成，国无信不威"这已成为人们的共识。我国加入 WTO 后，市场越来越规范，一切经济活动要按市场规律办，要按国际通行的法则运行，规范洗衣行业的经营行为，没有诚实守信的企业，是站不住脚的，提高行业的服务质量，积极推动诚信服务。

七、宣传贯彻《洗染业管理办法》

2007 年 7 月 1 日，商务部联合国家工商总局发布的《洗染业管理办法》正式实施，其规定："逐步淘汰开启式干洗机；现有洗染店使用开启式干洗机的，必须进行改装，增加压缩机制冷回收系统，强制回收干洗溶剂；使用开启式石油衍生溶剂干洗机和烘干机的，须配备防火、防爆的安全装置。经营者应当配备与经营规模相适应并符合国家有关规定的专用洗染、保管、污染防治等设施设备。"

第八章 照相业体系

第一节 改革开放以来我国照相业现状

一、我国人像摄影业

经过多年的发展，目前我国摄影扩印服务行业已形成一定规模，全国各类影楼、图片社、照相馆、冲印店、摄影工作室（不含器材生产、经营厂家）等企业已达45万多家，从业人员600多万人，2006年我国人像摄影业总营业收入超过900亿元，比1992年增长450倍，全国有4家企业营业收入超过亿元。发展人像摄影业，有利于扩大就业，特别是低收入阶层的就业。据有关材料显示，以婚纱摄影、婚庆服务和艺术摄影为主要内容，人像摄影业呈现出蓬勃生机。

近年来，随着数码技术的日益普及，摄影器材更新换代，数码技术取代了胶卷技术成为市场主流技术，摄影行业呈现出多元化、个性化发展趋势，市场得到进一步细分，婚纱摄影、儿童摄影、人像艺术摄影、写真等发展迅速，彩色扩印点、各类婚纱、艺术影楼不断涌现。人像摄影业已由传统的照相馆提升分化为证件照、婚纱摄影、儿童摄影、艺术写真、广告摄影、相片冲印、器材销售和修理等多种经营业态，经营网点逐步向农村延伸，城乡多层次网络体系正在逐步形成。同时，随着婚纱摄影、艺术摄影快速发展，摄影业从业结构发生了很大变化，修版、着色、暗房等原有工种正逐渐被专业的影楼化妆师、数码设计师、专业礼服师、摄影助理、化装助理、企划设计师等专业人员所替代。

由于全国每年有约 1000 万对新人结婚，所产生的消费总额高达 2500 亿元。巨额的婚庆消费带动了婚纱影楼及相关行业的快速发展，使得以影楼为核心的婚纱摄影业成为一个快速发展的行业，企业数量正在迅速增加，规模不断扩大，规模化、品牌化、连锁化经营正在迅速形成。据中国人像摄影学会统计数据显示，2006 年我国仅婚纱摄影营业收入就超过 120 亿元。2006 年，大型婚纱摄影企业年营业额达 2000 万元以上，中型企业 800 万~2000 万元，小型企业 800 万元以下。特大型企业 5000 万元以上/年，单独法人营业额上亿的国内企业有 4 家。

——儿童摄影业：现在正常家庭的消费支出中，孩子所占的比例明显呈上升趋势，许多年轻父母超前的消费观念使儿童摄影发展迅猛，市场发展潜力巨大。2006 年，儿童摄影因投资少、回报快而发展迅猛，服务价格从最低 50 元/套涨到了最高 5000 元/套。

——相片冲印业：由于数码照相机的快速普及，胶片相机和胶卷的市场销售逐步萎缩，使得照片冲印数码化，网络冲印也已初步形成规模。

二、我国婚庆产业发展现状

随着婚庆市场的快速发展，现已形成了"五一"、"十一"两个大的婚庆市场消费旺季，各地的婚纱摄影、婚礼服务、婚宴场所、蜜月旅游等企业早在每年的 2~3 月和 7~8 月就开始为这两大结婚旺季策划筹备。

（一）产业链逐步形成

我国结婚产业在婚礼服务、婚纱摄影、婚纱礼服生产、婚宴服务四大龙头企业带动下，76 个关联行业相互连接，逐步形成了以结婚消费产品和服务为核心的行业集群。婚庆消费市场的婚纱礼服、婚纱摄影、婚礼服务、婚宴、珠宝首饰等行业的发展日趋成熟，并与新婚消费的其他行业如家电、家具、床上用品、室内装修、房地产、汽车、银行保险等 40 多个关联行业，逐步形成令人瞩目的婚庆产业链，充满了巨大商机。

（二）总量规模

各种婚纱摄影、婚礼服务的企业数量持续增加，市场供给总量有所扩大。依据中国婚博会对相关行业的调研，全国婚纱影楼平均每年以 10% 的速度增加，影楼婚纱销量每年至少以 20% 的速度递增；北京 2004 年到 2005 年 11 月份有 276 家婚礼服务公司注册，2006 年至少翻番。

（三）企业规模

中国结婚产业的主要行业企业规模较小，从业经营者水平参差不齐，以从业平均人数来看，全国各城市婚庆企业的平均从业人员均很少，婚礼策划企业平均每家从业人员 10 人左右，婚纱摄影企业平均每家 40~60 人，一些婚庆公司甚至只有一间办公室，到处联系分项服务。尽管婚纱礼服生产企业也有大中型企业，但除中国潮州、厦门等大型生产基地外，手工定制和家庭作坊式的小型企业占大多数。为了对行业从业人员进行规范，提升从业者的专业素质，2004 年 4 月底，中国社会工作协会婚庆行业委员会出台一项政策：从 2004 年开始在国内婚庆行业推行婚庆策划人、主持人持证上岗制度。中国社会工作协会婚庆行业委员会出台一项政策，规定 2004 年"五一"前夕开始在国内婚庆行业推行婚庆策划人、主持人持证上岗制度。

（四）区域市场结构

婚庆行业消费的区域性特点非常明显，在全国各地区都有自己知名的婚庆策划公司、婚纱摄影公司，在当地市场已经形成了一定知名度和良好的口碑。区域分布上，结婚产业各行业的企业产品销售和服务区域性很强，很少出现跨地区经营的大型连锁企业。服务企业主要集中在北京、上海等相对发达城市，生产企业主要集中在沿海及发达的大中城市，在小城市分布较少。

（五）地域性的行业品牌正在形成

由于结婚产业是一个新兴的服务行业，除原来相关行业的迁移品牌外，真正全国性结婚产业品牌各地尚未形成，但一批在当地市场份额大、具有竞争优势的行业领先企业，正在逐渐形成行业品牌，优势企业主导的行业整合将提升市场集中度和行业整体盈利水平。近年来，在北京、上海、广州、深圳等新婚消费能力很强的地区，已经出现了连锁经营的服务企业，这涉及婚纱礼服、婚纱摄影、婚礼服务等方面。例如越秀区色色婚纱摄影、越秀金夫人婚纱等知名影楼早就实现了全国连锁、本地分区布点的格局。

三、摄影业法律法规

近几年来，商务部先后推出了《摄影业服务规范——摄影服务规范》（SB/T 10438.1-2007）、《摄影业服务规范——照片输出服务规范》（SB/T 10438.3-2009）。2009年，《北京市摄影行业服务规范》出台。

第二节　我国照相业存在的问题

一、摄影业存在的问题

（一）投资"门槛低、规模小"推高消费风险

摄影不属于前置审批项目，投资者可直接到工商部门办理登记注册。两人以上股东设立的有限责任公司只需满足最低注册资金3万元的规定，个体户更加没有注册资金的要求。在深圳信用网调查发现，摄影经营者大部分为个体工商户形式，注销和吊销率奇高，这无疑推高了消费风险。

（二）行业组织缺位、行业规范缺乏

以深圳市为例，尚未有专门的摄影摄像行业协会，而服务行业协会也暂时没有摄影经营者会员，目前只有婚纱摄影这一类归由深圳市婚庆行业协会做会员管理，且会员不多，还处于松散型管理阶段。对此，市消委会今年将在市婚庆行业协会设立消费者权益服务站，下一步还将加大与相关行业协会的合作力度，扶持其完善行业规范，督促其加强行业自律，从而全面保护消费者的合法权益。

（三）影楼单方制定格式合同，设定"霸王条款"侵害消费者权益

据了解，目前大部分摄影经营者与消费者所签的合同均由商家事先拟定，很多条款限制了消费者的权利，规避了商家应承担的法律责任，最常见的有"预订款项一经缴纳，不得以任何理由退还，

以维护商业之秩序"、"如底片丢失，恕本影楼只提供重拍服务"、"在本影楼消费须另行付费化妆，恕不接待自行化妆或自带化妆品"。

（四）共用物品卫生状况不容乐观

消费者对服装、化妆器械等与皮肤直接接触的物品是否按照有关规定进行了卫生消毒存在担忧，一些消费者投诉反映影楼提供的服装很脏、很旧，并带有怪味。

（五）商家的虚假承诺难以兑现

有些影楼为了吸引消费者，以"假打折"、"假优惠"的宣传方式，向消费者许下各种诱人的口头承诺，或发优惠卡给消费者，"折扣"、"优惠"标准较为模糊，实际服务时大打折扣，最终迫使消费者接受其高价服务。

二、婚纱摄影中存在问题

许多人接洽婚礼摄影、摄像师时，对婚礼影像的概念都很模糊，这时候如果有一些朋友的推荐和意见，会让你更快地锁定目标。别忘了一生一次的婚礼现场不能重新来过，如果遭遇了技术低、服务差的摄影摄像师，可能会留下一辈子的遗憾！

（一）影像人员水平良莠不齐

现在的婚礼影像从业人员水平良莠不齐，有的是业余级别打着专业旗号、有的是电视台的工作人员并不熟悉婚礼。在了解摄影摄像人员技术实力的时候，不要只听他说拍摄过多少对新人，什么个人写真、个性婚纱摄影，获得过多少奖，而要询问他对婚礼的理解以及打算如何做好你的婚礼摄影工作室，以此来检验他能否胜任婚礼拍摄。因为婚礼不能重新来过，所以摄影摄像师的职业道德和敬业精神是非常重要的。在专业水平方面，一个优秀的摄影摄像师不仅仅只是简单的记录，还应当具备敏锐的洞察能力、准确的判断力和快速的应变能力，能够根据现场情况及时引导和帮助新人，随时随地独立排除拍摄工作中遇到的困难和问题。

（二）装潢华丽技术差

选择婚礼摄影摄像公司不能仅仅注重外表，应该看它有无固定的专业影像从业人员。一家门面气派、装潢一流的公司可能会有最糟糕的从业人员，甚至根本没有（他们接单后以低价转包给其他公司，以赚取差价）。因此不能仅仅是电话咨询，在签单之前，一定要看一下公司以前为其他新人拍摄的 DVD 和婚纱照片，更能认清摄影摄像和制作公司的能力。要特别留意他们的拍摄角度是否恰当？有没有错失重要场面？有没有捕捉到一些新人身边发生的事情？如果没有成品可作参考，切勿随意下决定。

（三）必须消费的"自费"内容

一些摄影公司会增加一些必须消费的"自费"内容，所以，需了解摄影公司所提供的服务范围细则，例如拍摄时间限制几小时之内、会拍摄多少卷胶卷、数码摄影拍摄多少张照片、婚礼当日整个拍摄队伍会有多少人、有无其他附加费用标准（餐费、交通费）这些问题都需要在初次接洽时查询清楚。

第三节　我国照相业发展的趋势与对策

一、我国摄影业发展的趋势

（一）经营连锁化

随着行业竞争日趋激烈，摄影及扩印服务企业将逐步由价格竞争转向服务、品牌竞争，摄影业品牌影响力逐步增强，连锁经营将成为摄影扩印服务行业的一个重要发展方向。

（二）处理高科技化

摄影扩印服务业是一个技术性、专业性很强的行业，其发展需要较高的技术支撑。随着消费者对摄影要求越来越高，数码技术、多媒体技术等高新科技将更多更快地向摄影扩印服务行业渗透，并呈现出摄影后期处理的高科技化趋势。

（三）市场多元化

随着人们的欣赏水平、审美观点不断趋于多元化和个性化，以及照相机、摄像机在日常生活中的普及，进入影楼的消费者对影像质量和影楼服务抱有更高的期望和要求，将会进一步促进行业市场的细分和综合性服务的发展，如婚纱摄影民俗化、艺术人像时尚化、儿童摄影个性化等。

（四）职业化

目前，摄影师国家职业资格证书已经像很多职业资格一样被社会逐步认可。摄影师按照国家职业标准分为五个等级，即初级（国家职业资格五级），中级（国家职业资格四级），高级（国家职业资格三级），技师（国家职业资格二级），高级技师（国家职业资格一级）。摄影师职业资格鉴定分为知识和技能两部分。采用百分制，两项成绩皆达 60 分及以上者为合格。摄影师鉴定合格者可获得《中华人民共和国职业资格证书》，参加鉴定合格者颁发摄影师国家职业资格等级证书。随着行业准入制度的建立健全，摄影行业从业人员将会更加职业化，行业技术水平将得到提高。

（五）规范化

随着对人像摄影业重视程度的提高，规范人像摄影业的相关法律法规体系正在逐步建立。2006 年，商务部会同有关部门出台了《摄影服务规范》。同时，一些地方政府及行业协会也根据本地摄影业发展情况，加紧制定行业标准规范体系。如江苏省制定了《摄影行业经营管理规范》，哈尔滨市出台了《婚纱摄影业明码标价实施办法》，济南市摄影协会制定了《摄影业等级评定及服务质量标准》和《济南市摄影行业服务质量和消费者权益争议解决办法》，出台了《照相机维修准入制度》，通过实行职业资格证制度大力规范从业者队伍。这些标准和规范的实施，必将促进人像摄影业走上规范化、法制化的轨道。

二、促进我国摄影业发展的对策

1. 消费者选择商誉好的摄影店，且要货比三家，了解相关的价格和服务水平，经营者的注册信息和信用信息可上深圳信用网查询。

2. 摄影店承诺的服务内容、规格、种类、价格尽量要求以书面形式详细列出，即使已有格式合同，也可以要求修改补充。如摄像器材和分辨率标准；可供消费者选择的照片张数、放入相册的张数、刻入光盘的张数；入册外的照片如何处理；入册照片的尺寸、数量和制作要求；相册的尺寸、页数和制作要求；光盘内容形式和分辨率规格要求等；拍摄时提供男、女服装的套数，选择的区域，需要增加的服装租赁价格；整体造型（含化妆和一次性装饰品）的次数、种类及价格；相框的尺寸、样式标准、入相框的照片尺寸及制作工艺；外景拍摄的地点及往来路费的承担方式；拍摄时间的选择范围；对摄影师、化妆师或服装有无特别选择及要求等。

3. 对于拍摄期间可能发生的无法确定的特殊情况，导致拍照失败或时间延迟的，消费者应与商家事先约定违约责任。

4. 选择付款方式时，应注意"订金"与"定金"的区别。对于"定金"，《合同法》规定，一方违约时，双方有约定的按照约定执行；如果无约定，经营者违约时，"定金"双倍返还；消费者违约时，"定金"不予返还。而对于"订金"，目前法律没有明确规定，可视为"预付款"，一方违约时，双方有约定的按照约定执行；如无约定，经营者违约时，应无条件退款；消费者违约时，可以要求经营者退款。

5. 约定相片、影像等有关资料的所有权问题。这些资料的版权如归消费者所有或未经消费者允许，摄影店不得转载或使用，对于消费者不认可的作品，商家应当面删除。

6. 如时间允许，最好选择淡季（非节假日、非特殊纪念时段）拍摄婚纱照，为拍摄时间和服务的选择提供更多的空间。

7. 拍摄期间特别是外景拍摄期间，由于要频繁更换服装，最好邀请一位朋友同行，以便物品保存。

8. 保留好相关消费凭据，如遇争议与经营者协商不成，可以据此作为投诉证据。

第九章 修理业体系

第一节 修理业的概念

在生活服务业中，修理业是发展相对滞后的一个行业，修理业的内容十分广泛，从楼房设备到钟表仪器，从家用电器到小孩玩具，几乎与每个人都有关系。常见的如电器修理、机动车与人力车修理、钟表眼镜修理、上下水管修理以及皮鞋雨伞、皮包等物品的修理。从业的方式也是多种多样的，有的应聘于公司、企业，如自来水公司、天然气公司、汽车修理厂等，有的自己租房开修理部，有的只是摆个修理摊。

修理业是指对部分丧失使用价值的实物产品进行加工，以恢复其使用价值的服务行业。它分为生产资料修理和消费资料修理两大类，由许多专业修理行业构成。如修理汽车、船舶、电机、计算机，修缮房屋，修理自行车、家用电器和其他日用生活品等。这里所提主要是指生活修理业。

一件耐用的实物产品如因部分丧失使用价值而报废，就会增加社会的物质消耗。修理业的作用主要是节约，以较少的物质消耗和劳动消耗，让部分丧失使用价值的物品再度投入使用。

由于生产专业化的发展，一个实物产品往往是经过若干道工序，由若干零部件组装而成。一般工人只需掌握自己分工承担部分的技术和知识就能完成生产任务。而修理劳动者则需要有较全面的知识和技能，才能进行检查和修理。因此，修理业劳动一般属于复杂劳动，要求其从业人员具有较高的专业技术水平。

修理业的产品是附加在被修理的实物产品实体之上的，它的价格只能小于、不能等于，更不能大于原实物产品的价格，否则，消费者将购买新产品而不愿修理。因此，修理业在经营活动中，必须注意降低成本和拟定合理的收费标准。

第二节　新中国成立以来修理业的发展

一、第一阶段：1949~1957 年

这一阶段的生活服务业比较普遍，生活服务业与城乡居民生活的需求基本适应，城乡居民反映比较好。

二、第二阶段：1957~1978 年

由于左的思想影响，生活服务网点减少，个体服务业基本没有了，给城乡居民生活带来很大不便，即使在北京，"吃饭难"、"修理难"、"理发难"的问题也十分突出。

三、第三阶段：1978 年后至今

这一阶段国家、集体、个体、私营企业、外资服务业一起上，生活服务业得到了恢复，并且快速发展。到1986 年，北京市国营、

集体、个体营业网点达到 31346 个，已经超过 1957 年水平，比 1978 年增长了 7.7 倍，但是，随着人们需求的增多，当前还存在许多问题。

以下是北京 20 世纪 80 年代的修理业等生活服务业发展概况：

1. 在王府井、西单、前门、北京火车站等繁华地段吃饭难问题仍然较突出。王府井大街 50 年代与现在相比，平均每天的人口流量由 10 万多人次增加到 30 多万人次，而饮食网点却由 37 个减少到 13 个。网点少，吃饭排长队、吃经济快餐难的问题非常严重。

2. 洗澡难是存在已久的老大难。新中国成立初期，北京市有浴池业 92 户，现在减少到 69 户，其中远郊县的 12 户大多是季节性开业，城区、近郊区的 57 户有 12 户已停业。目前，洗澡难突出的是城区，尤其是干线的繁华区和居民稠密区，进入浴澡旺季，浴池拥挤不堪。

3. 随着集体和个体理发网点的恢复和发展，理发难的问题有所缓解。但是过去由于理发价格偏低，理发与理女发（主要是烫发）差价过大，使得个体愿做女活，不愿意做男活。因此，理男发难和理发质量差是目前的主要问题。

4. 近几年来，修理业发展比较快，1986 年修理网点比 1978 年增长 9 倍，从业人员增长 1.8 倍。尽管如此，修理难的问题依然存在，有些地方还很突出。1957 年全市有自行车 45 万辆，有修车网点 778 个，修车工 2320 人，人均修理车量 194 辆；1986 年年底全市拥有自行车已达 580 万辆，但是国营、集体、个体修车网点只有 1049 个，修车工 2096 人，人均修理车量达 2767 辆，比 1957 年增长 13 倍。至于修理电视机、收录机、洗衣机、电冰箱等家用电器新项目的困难就更突出了。据统计，1986 年社会修理（不含保修）各种家用电器 22.1 万台，比 1980 年增长 1 倍多。虽然修理量增长较快，但是仍然不能够满足消费需求。

第三节　改革开放以来我国修理业的发展现状

新中国成立前，我国修理业比较普遍，常有"灾年饿不死手艺人"的说法。如泉州地区主要城镇均有私人摆设的修理摊点，服务范围有修理钟表、自行车、修配钥匙、修补雨伞、补锅补盆等。

20世纪50年代，人民政府根据服务群众生活的需要，积极扶持并给予引导，修理业比较稳定。60~70年代，随着社会经济的发展，修理工匠逐渐走上固定工作岗位，修理业摊点减少。80年代，电视机、录像机、洗衣机、电冰箱与各种音响的家用电器设备在城乡逐渐普及，摩托车也开始成为人们的代步工具，因此对修理业提出新的需求。由于电器设备、摩托车修理技术质量要求高、报酬丰，一些有技术的工匠也乐于辞掉（或办理停薪留职）原有工作岗位，开设个体修理店。一些有技术的退休技术员、工人，也利用"余热"设点提供服务，增加收入。1980~1990年，个体修理业在城镇又重新获得发展。1990年，泉州市仅维修家用电器、摩托车的修理店就达3219家，从业人员5771人。

第四节　家电服务业

一、家电服务业产业化发展

家电服务业的维修服务只是其中的一个内容，改革开放30多年以来，家电服务业不仅是"坏了修"，还应该包括更多方面。以当前的形势来看，维修服务只占了家电服务业 1/3 左右的收入。因此，要通过"蜕变"的方式来解决家电服务业的理论和实践问题，不要把家电服务业局限在修理方面。目前，家电服务业已从售后向售前、售中发展，并涉及了咨询、选购、设计、安装、使用、保养、维护、清洗这些领域，并且这些领域在中国的增长速度是非常快的。因此，我们要把家电服务业放在服务业发展的大环境上考虑。中国的企业已开始一个局面，那就是服务业利润的增长已经超过了制造业，我国的服务体系已发生极大变化。2009 年中国家电服务业销售为 8568 亿元，其中"三包"期内的上门安装、服务 1013 亿元。2010 年中国家电服务业收入为 9200 亿元，其中家电下乡 1700 亿元。

成立于 1989 年的中国家用电器商业协会维修人员联合会，经历了 21 年市场经济的洗礼，伴随着中国乃至世界家电市场的发展，从修理到维修，从维修到维修服务，从维修服务到服务维修，这表明，中国家电服务业已经开始进入了一个全新的、具有划时代意义的发展阶段；2010 年 3 月，协会更名为中国家用电器服务维修协会（简称"中国家电服务维修协会"），契合了当前中国家电服务业的发展。

从政策环境看，2005 年 10 月，"十一五"规划建议中提出，要大力发展现代制造服务业。2007 年 3 月，国务院《关于加快发展服务业的若干意见》中，除了提到要大力发展面向民生的服务业之外，特别提出了要大力发展面向生产的服务业，促进现代制造业与服务业的有机融合、互动发展。党的"十七大"报告中，也明确提出了"要大力发展生产性服务业"。温家宝总理在 2010 年 3 月 5 日十一届全国人大三次会议上所作的《政府工作报告》中说，要加快转变经济发展方式。要大力发展金融、物流、信息、研发、工业设计、商务、节能环保服务等面向生产的服务业，促进服务业与现代制造业有机融合。这对中国制造服务业发展是一个信号。

从市场环境看，20 世纪 90 年代中期，世界市场发生了革命性的变化，称为顾客革命。过去顾客要在规定时间，到商店去购买，统一规格的标准化的商品，并用现金支付。现在顾客可以在任何时间，在家里上网或电话购买，按顾客要求"定制"的个性化商品，刷卡支付。顾客革命带来了以下巨大变化：①产品经济时代，生产制造是企业的利润之源；服务经济时代，利润从生产制造转到了服务。②顾客革命打破了各行各业传统的经营模式，企业要考虑如何吸引和留住顾客，如何迎合顾客。③家电服务业悄然变化，顾客需要服务，顾客需要咨询服务，希望上门服务，期待即时服务，需要延保服务，要求增值服务，要求明码标价，要求服务标准化，新兴服务替代传统服务。④社会经济开始进入顾客说了算、拥有权利感的时代。

在"顾客革命"、"网络经济"、"3C-e 化"的市场环境中，国际企业实施的顾客服务战略值得借鉴。以 HP、IBM、GE 和 DELL 为代表，取得了服务业务超过制造业务，特别是服务利润增长超过制造利润增长的佳绩。服务推动了 IBM 的优化，实现了由制造业向制造服务业的战略性转型。IBM（国际商业机器公司 International Business Machine）号称世界最大的服务商。

温家宝总理 2009 年 11 月 29 日视察苏宁电器，为苏宁电器题词"服务是苏宁的唯一品牌"。海尔集团 2005 年成立了顾客服务经营公司，2008 年张瑞敏表示：海尔将从制造业转向制造服务业。

二、家电服务业发展趋势

服务产业化未来大有可为，其本质是通过机制和体制的转型，将成本中心变成盈利中心的过程中实现商业模式和产业格局的再造。未来，家电服务业将在"体系化、连锁化、规范化、品牌化"方向引导下，3 年内将出现家电服务的上市公司。

2005 年海尔成立顾客服务经营公司、海信成立青岛赛维家电服务公司，2008 年海尔提出了从制造业向制造服务业转型。当前苏宁不仅是家电零售巨头，还形成了物流、客户服务和售后服务三大服务体系。

服务产业化背后，是近年来家电制造企业服务组织的机制转型，向服务商转型，把提升服务顾客满意度作为行业发展战略，将此前依附于产品销售的成本中心，变为企业新一轮发展的盈利中心。

从社会资源整合角度来看，一个专业家电服务商承接多个品牌的维修服务，其业务量、专业化程度、维修服务质量等，都比现在企业各自为政的情况要好很多。

家电企业将服务部门剥离出来成立专门的服务公司，变成社会性平台。一些企业还将企业呼叫中心开拓成为电话销售的新渠道。一些专业服务商也在进行内容和功能的外延，从家电安装、维修等基础服务，向销售、产品展示与体验、顾客培训，甚至搭建面向区域的综合性服务平台等多内容、多业务转型。还有不少企业在探索更广泛的新型服务模式。

当前，我国家电服务业已形成海尔、海信、长虹、苏宁、上海百联电器、重庆商社电器为代表的专业服务商品牌。业内人士相信在不久的将来，家电服务业肯定会出现上市公司，借助资本市场实现更大发展。

中国家电服务业未来发展将呈现以下趋势：①中国家电服务业正处于全面发展的上升时期；②中国不仅成为世界最大的家电产品制造加工基地和家电产品消费大国，而且成为世界家电服务消费大国；③2020年前，家电服务业务和收入的增长速度将大大超过制造销售业务和收入的增长速度；④中国家电制造商、经销商、服务商格局正在形成；⑤中国家电服务业也将出现全国连锁服务商品牌，并且会有上市公司；⑥中国家电制造服务业将呈现产业化发展的趋势。

要正确引领行业发展方向，既要在理论上有所建树，又要在实践中不断创新。中国家电制造服务业产业化发展有一些重大的理论问题需要研究：一是家电制造服务业是与家电制造业有关的服务业，是面向制造业的生产性服务业，它将成为制造业增加值的主要来源。二是制造服务业是第二产业的制造业发展成为第三产业的制造服务业，因而不是制造业的延伸，而是制造业的发展。三是与第二产业的制造业需要细化为多个行业领域一样，作为第三产业的制造服务业也需要细化为多个行业领域。

未来要积极推动家电制造服务业产业化发展；要促进家电跨行业领域合作，推动产业结构调整升级；要加大力度推动家电服务商品牌培育与建设，支持扶植服务商的形成和发展；要加大力度推动家电服务市场营销创新模式的发展，特别是在家电零售终端，探索服务业务和服务盈利新模式；要加大力度推动国外家电服务企业和专业服务机构在中国的发展，支持包括延保服务、增值服务等在内的新兴服务方式的创新发展。

三、家电维修服务业发展概况

服务维修是伴随着我国家电产业的出现应运而生的。短短30年间，我国服务维修产业经历了从成为企业品牌和产品的保护手段，到产品促销手段，最终于2010年变身企业服务营销主角。家电制造商、零售商、服务商们也积极在内容、形式、盈利模式等服务产业化道路上寻找突破口，形成了以"家电制造商、零售商和服务商"三位一体的服务产业新格局，企业自律、行业监管的第三方体系逐步完善，分布于一、二、三级市场的服务体系、专业人才系统步入了良性发展轨迹。最终，家电整体服务水平显著提升、城市专业服务体系基本形成、服务新模式探索加速展开。

随着工业化的发展，在工业产品的附加值构成中，纯粹的制造环节所占的比重越来越低，而服务业特别是生产性服务业中维护保养、物流与营销等服务所占比重越来越高，使得在价值链中，利润发生了从中间加工制造环节向上下游服务环节转移的趋势。这一趋势在家电行业越来越明显。在家用电器专业连锁销售的企业中，有些具有一定规模的大企业，不仅把销售作为主营业务，而且开始把家用电器维修服务作为主营业务，通过股份制、特许加盟连锁经营的形式，深入到维修服务市场，力求抓住市场中新的盈利契机，从而促进了家电维修服务业的快速发展。

近年来，我国电子电器维修服务行业正处于全面发展的上升时期。从事服务维修的各类经营者从 2001 年不足 20 万家上升到 2010 年的 50 多万家；年营业收入从 2001 年不足 300 亿元扩展到目前 1013 亿元；长期固定从业人员从 2001 年不足 50 万人上升到目前的 300 万人。根据中国家电维修行业协会抽样调查表明，我国家电服务维修行业的总体水平仍偏低，服务维修企业规模普遍偏小，经营能力弱化。全国家电服务维修部年营业收入 20 万元以下的占 59.9%；100 万~500 万元的占 9.9%；1000 万元以上的仅占 4.3%。营业面积在 50 平方米以下（含 50 平方米）的占 20.5%；100~200 平方米的占 32.6%；500~800 平方米的占 1.4%；1000 平方米以上的仅占 1.9%。在从业人员中，管理和技术人员占总人数的 70%~80%，其他人员占 20%~30%。

目前的家电售后维修服务方式主要有两种：一是厂家委托商家的维修站对顾客提供该产品的售后服务，一些中小品牌企业大多采用这种方式；二是厂家投资建立售后服务站，直接向顾客提供售后服务。大品牌企业为了降低管理成本，也多委托特约维修站。

四、家电维修服务业亟待规范

经过几十年的发展，中国的家用电器行业已得到很好的发展。但是随着用户数量的激增，特别是许多城市家庭的家用电器进入了"更新换代期"，越发使得家电售后服务的问题凸显出来。

（一）行业散、小、乱、差，市场秩序混乱

根据有关资料统计，全国家电维修市场的经营额达上百亿元，

但是与家电制造业和销售业品牌集中度越来越高的情况存在明显不同的是，家电维修业多年来的散乱格局仍未得到改观。目前，在上百亿元的大家电市场中，由厂商建立的成系统的售后服务机构仅占20%左右的市场份额，初具业态雏形的连锁维修商在依附或独立于生产企业之间游离，产业规模化程度不高，众多的个体维修店不是夫妻店就是师徒店。此外，还有更多的无证、无固定经营场所的维修者。

（二）维修技术水平低，从业人员素质不高

这类问题多发生在一些资质不高或者根本没有维修资质的维修部身上，修理人员专业技术水平参差不齐，有的甚至根本不具备上岗资格。据中国家电维修协会的《家电服务维修行业从业人员基本状况抽样调查报告》显示，维修从业人员文化水平较低，高中以下学历者高达80%以上。而且现有培训设备和师资水平落后于家电行业发展至少10年，特别是高端产品工作原理及维修技术培训教材严重滞后。同时，维修技术差还表现在无法正确诊断故障，甚至一些厂家的专业售后维修人员对自家产品的"病情"也往往诊断不准。随着产品的自动化、智能化，设备故障的查找、定位和排除也变得越来越复杂，亟须维修人员提高维修技术水平。

（三）家电维修存在欺诈行为

由于家电修理专业性较强，一般消费者缺乏家电方面的知识，许多维修人员在提供维修服务时存在恶意欺骗消费者行为。这主要表现在：一是偷换原装元件再倒卖。这类事件多发生在新机型上，维修人员在维修时把进口原装或新零件，换成国产的或陈旧的，而换下的零部件则重新卖钱。二是虚列部件索取维修费。一般10~20元就可以修好的小故障，而一些维修部总会以种种借口开机检查，列出一系列故障，以获取更多的维修费。三是虚假宣传。一些家电维修企业捏造一些子虚乌有的概念糊弄消费者。

（四）产品售后难保障

一是企业倒闭后维修商难找到。随着市场竞争的加剧，在家电行业中因企业倒闭、并购、重组等引发的品牌消失为数不少。品牌消失后尚在保修期内的产品售后服务常常找不到维修商，成了整个家电行业的难题。二是售后服务网点很难找到。表现为售后服务电话不是空号就是无人接听。许多保修卡上的电话，因换号码或其他因素，空号或无人接听，已无法兑现承诺，售后服务电话形同虚设。三是地址变更通知难。在消费者中经常出现按照产品说明书上的地址上门寻求维修服务，而维修网点早已迁址，导致消费者在寻求服务的时候上当受骗的事，更是屡见不鲜。

（五）农村家电服务发展滞后

家电下乡政策推动下的三、四级市场的流通渠道和服务网络相对滞后，将成为农村家电市场可持续发展的重要阻碍，如果得不到解决将直接影响整个行业的健康、可持续发展，加强流通和服务体系建设迫在眉睫。

五、家电维修服务业发展趋势

（一）维修服务外延将不断扩展，行业发展空间巨大

目前，家电行业在质量竞争、价格竞争之后，新一轮的竞争形式将是服务竞争。随着越来越多的家电企业重视售后服务，把售后服务、维修服务部作为发展战略资源的企业，注重维修服务部数量与产品销售区域相匹配，维修服务的内涵和外延将不断扩展。一般维修服务包括维修服务部、零部件供应、咨询服务、使用设计、维修服务培训学校，而广义维修服务将扩展到为用户提供最便利舒适的场所、为用户提供最恰当的结算方式、为用户提供最快速的送货

安装、为用户提供最及时的维护修理和为用户提供最科学的使用保养等。维修服务将成为企业盈利的新契机，市场的潜力巨大。目前，全国家电服务市场蕴藏着 100 多亿元的商机。就以北京按 400 万户家庭计算，若每户每年家电服务支出 100 元，则有 4 亿元的家电服务市场。

（二）跨国家电企业向维修服务拓展，行业竞争将日趋激烈

面对巨大的家电维修市场，自 2004 年 12 月 11 日，我国电子电器维修服务行业全面向外资开放、外商开始享有独立设立维修服务机构的权利后，飞利浦、索尼等外资家电企业纷纷向维修服务拓展，加快了进入我国家电维修领域的步伐。同时，LG、夏普等外资企业产品的维修采用了外包的方式。随着外资企业在维修服务领域的大举进入，国内家电维修企业面临的将是一场实力的较量。外资家电企业具有几十年国际化的家电服务经验和针对不同地区、不同文化背景的完整的服务模式，而国内企业则更懂得中国的具体国情，建立具有中国特色的服务体系。双方各有所长，在家电服务方面的竞争将直接影响到产品的销售和市场占有率。

（三）产品技术更新，将对维修人员提出更高的要求

技术发展提高了服务质量，丰富了服务方式，也增加了服务难度。如电话、传真、网络的发展和普及，上门服务的推广，丰富了售前服务、售后服务方式，缩短了维修服务时间，但也对维修服务人员素质和维修服务设备提出了更高要求。产品不断使用的新技术、新工艺、新器件以及改进和更新，不同的厂家不断推出不同种类、型号、批号的产品，对维修服务部和维修服务人员提出更高要求，要求维修人员提高自身专项知识和综合技能，不断进行跟进式的专门培训并逐步积累维修服务经验，需要使用专门的仪器仪表、检修设备以及维修替换零部件。

（四）相关管理规范出台，行业发展将日趋规范化

为了进一步推进家电服务维修行业标准化工作，改变家电维修行业的散、乱、小、弱、无工作标准可依的局面，我国将进行一系列标准的制定工作，对服务商的上门服务、前台服务、咨询服务、信息服务、卖场服务、结算服务、送货服务、安装服务、渠道服务等进行规范并实现标准化。《家用电器服务维修业管理标准》、《家用电器服务维修业工作标准》、《家用电器服务维修业技术标准》等一系列标准的制定与实施，必将极大地推进行业发展。同时，《家用电器维修服务明码标价规定》、《家用电器维修服务部等级评定规范》（SB/T10349-2002）正式发布实施，家用电器维修服务部等级评定全国委员会和地方评定机构正在开展评定工作。另外，国家正在加快制定与有关废旧家电回收利用、电子信息产品交易市场资质规范等政策法规标准工作。这些标准和规范的实施，必将促进行业走上规范化、法制化的轨道。

第五节　汽车修理业

一、"汽车下乡"将推动农村汽车修理业大发展

近来，中央政府接连采取了一系列刺激内需的政策，其中包括"汽车下乡"的重大举措。随着政府各项激励与奖励政策的配套出台，包括多种农用车在内的经济适用型汽车正在奔赴农村，改善了农村交通运输落后、物资流通不畅的现状，推动了农村经济的健康发展。

从经济学和物流学的角度来看，每当出现大量财物朝着某一方

向流动的情况，必然会给相关领域和地区带来产业结构方面的变化，在变化中产业链自动生成，并会衍生出新兴的生产型、服务型产业。

"汽车下乡"政策的大力推进，无疑会生成围绕大量下乡汽车的交通运输、燃料供给、维修服务等行业。显而易见，汽车下乡将会推动农村汽车修理业的大发展。

在农村投资汽车修理业有很多优势，主要体现在：①由于农村汽车修理业主要面对的是农村机动车辆的维修保养，相对来说要求的技术标准较低，因此从业人员接受培训的时间较短，厂房、设备等方面的投资也不大。②当前政府的政策环境较宽松，需缴纳的费用不高。③"汽车下乡"是个新生事物，大量汽车进入农村后，车辆的维修保养需求量大增，原有的维修点稀少，不能满足需求。

因此，农用汽车修理业是大有发展前途的，有利可图，有钱可赚，投资数万元就能开设一个小型修理厂，投资不大，用工不多，且管理方便，当年就能收回成本。

二、投资汽车修理业需要注意的问题

（一）搞好调研，确定规模

各地农村的经济、人文、交通环境条件差异较大，这些地方特有的环境条件将直接影响着汽车修理的业务源、投资回收速度等，关乎着企业经营的实际效益。

因此，要对所在地区的汽车及相关机动车的保有量、型号、品种等进行必要的考察调研，同时对这些车辆承担的业务、货物的吞吐量等进行必要的调查统计，还要对所在地区的交通运输、道路状况进行调查，以对运输车辆在工作中的损坏量进行初步预测。

根据以上情况，确定投资规模以及汽车修理厂的功能、大小等，做到心中有数，避免盲目投资或重复投资，造成投资失误。

（二）合理选择地段、厂址

开办农村汽车修理厂选址一定要慎重，应选择合适的地段设厂。一般来说，要靠近交通要道，并选择车流量较大的"活"路口。在这样的地段建厂，既方便客户上门送修，又有利于修理、服务信息的传播。

但是，由于近年来新农村建设速度很快，在选址时一定要与当地的规划等有关部门取得联系，防止因交通改道、建设需要等因素使刚刚设立的企业就面临动迁，造成不必要的经济损失。

（三）岗前培训，保障服务

汽车修理属于特种服务行业的范畴，对于从业人员的技术水平要求较高，因此应对从业者进行岗前培训，从业人员必须具备必要的技术资质证书。培养汽车修理技术人员，可以采用送员工到汽车培训学校学习深造的方式，也可以采用"师徒传艺"的方式在内部培养"繁殖"。此外，还可以直接招收汽车维修专业学校的毕业生，或招聘有经验的从事过汽车机修的人员。

修理工的技术过硬，操作熟练，不仅修理质量好，作业时间短，返修率低，而且还能节省修理耗材方面的开支，直接增加企业收益，同时有助于提高企业信誉和顾客满意度。

（四）申领证照，依法经营

开业之前，首先要给企业选择一个响亮、实在的名号，然后依法按照程序到工商管理等部门进行登记注册，办理所有应备的手续，符合相关条件后，就可以堂堂正正地到农村去开张营业。在企业运转过程中，要坚持亮照营业，依法经营，这样赚钱就会踏踏实实，心安理得。

（五）适度兼营，多路聚财

为了提高企业的收益，可以增加服务项目，搞适度的兼营。例如，代购汽车、拖拉机轮胎，代购一些低值易耗件、机油、黄油等，还可以搞一个机动服务车（配备轮胎装卸、检修等简单器具），随时随地在村头巷尾开展修理服务。

根据一些成功的经验，在农村开办汽车修理厂，一般都能在当年收回成本。如一家用工3人的修理厂，一名主修师傅年工资30000元，2名辅助工年工资每人14400元，场地租金每年5000元，低耗材料费1000元，其他规费杂支2000元，总计经营列支为66800元。企业购置气泵、液压千斤顶、测试设备等检修设备投入25000元。当年维修收入115600元，兼营配件、油料收入3000元，总计收入118600元。总收入减去总支出后，节余51800元，当年回本并盈利26800元。

三、西部地区汽车修理业现状

近年来，随着我国汽车行业的飞速发展，汽车的产销量不断增加，使得各地区之间的交通运输量呈现大幅上升趋势。随着西部地区大开发步伐的加快，东西部地区贸易往来越来越频繁，促使西部地区的客、货车流量逐年增加。这些发展给西部地区汽车修理业的发展带来了新的机遇和挑战，提出了新的要求。

目前，在内蒙古锡林郭勒盟境内的207国道上，来往的主要是大型运输车辆，它们每天从该地区运走大量的牲畜、蔬菜、原煤及石油等重要物资，供应北京、天津、河北、山东等省市。这些车辆大都经过长途跋涉，无论进入还是离开锡盟地区，都需要对车辆进行检测和修理。但是该地区的汽车修理业长期处于无序发展状况，存在很多问题，从而使车辆的维修时间长、质量差，进一步影响了内地物资的及时供应。目前的问题主要表现在以下几个方面：

1. 设备落后。从 207 国道锡林郭勒盟境内的几十家汽车修理点来看，基本上都是在用 80 年代的老式汽车修理设备来完成对现代汽车的修理。大多数修理车间低矮、狭窄，里面遍布着满是油污的千斤顶、台虎钳、撬棍等简陋工具。所有这些已经远远跟不上现代汽车修理的前进步伐。

2. 修理人员素质低。从修理人员来看，80%是退休的老工人，他们是 70 年代汽车修理的中坚力量。他们在几十年的汽修岁月中摸索出了丰富的修理经验，但是今天由他们去完成现代汽车修理已是力不从心。随着科学技术的发展，高新技术在汽车上的应用越来越多，例如电子点火、电控自动变速器和电控燃油喷射系统等，使得他们的文化技术水平越来越不能适应。另外，20%的中青年修理人员基本上是由老工人带出的学徒工，他们的文化水平相对较高，但他们没有研究过先进的汽车维修技术，宁愿干活，不愿动脑。

四、促进西部地区汽车修理业的规模化发展策略

用现代新技术装备的汽车越来越多，如新型汽车普遍使用的电控燃油喷射系统、ABS、安全气囊系统、防盗系统、巡行控制系统、电子监测系统等。这些新技术的采用对汽车维修业务和检修装备提出了更高的要求。为了使我国的汽车维修技术尽快与国际接轨，我们必须借助西部大开发的良好机遇，带动西部地区汽车修理业向规模化、产业化发展，从而为促进西部的经济发展创造条件。

1. 汽车修理厂应该呈多样化分布。基于西部车辆运行的特点，应尽可能使汽车修理点呈多层次分布，小型的汽车修理厂或车间应有 3~5 人，一般只承担汽车零修业务，主要设备有汽车举升机、轮胎拆装机、轮胎动平衡机、汽车空调器制冷剂更换机、发动机分析仪、故障诊断仪及各种专用维修工具等；大、中型汽车修理厂承担汽车大修业务，包括汽车整形、涂装等业务，主要设备除上述小型汽车修理厂所使用的典型设备之外，还有各种形式的汽车整形机、

车身测量仪、发动机尾气分析仪、车轮定位设备、车身喷涂设备、烘烤设备和空气除尘净化设备等。这样就可以同时对大量的运输车辆进行分类维修和检测，从而缩短维修时间，提高维修质量。

2. 合理配备维修检测设备。针对企业的服务对象、所维修的车辆和市场定位，配置一整套完善、先进、合理的维修检测设备是维修企业应具备的基本条件，这是因为随着汽车工业的发展、技术的进步，汽车装备的先进性和复杂性越来越高，汽车维修业已告别了仅凭经验、靠人力维修的落后时代，先进的维修和检测设备发挥着越来越重要的作用。

3. 积极提高维修人员的素质，认真抓好维修人员的技术培训。为了有针对性地培养修理厂所需专业人才，应该采用"送出去、请进来"的方法，把员工送往先进的汽车生产厂家进行专业培训，组织对口学习，把厂外的专家请来传授技术。同时，也应该组织自身的力量开展培训工作，请学习归来的人员讲课，向其他职工传授技术，结合质量分析进行专题讲座等。

4. 提高服务质量。汽车修理厂的各项工作最终要落实到服务上，一个良好的企业应有良好的质量控制体系，只有服务质量有了可靠的保障，才有可能树立良好的企业形象，稳定车源。这样就有利于把西部地区的整体汽车维修水平提升到一个新的阶段。

第六节 "移动化"售后服务维修

日趋激烈的市场竞争，低价产品的大量复制，将高端企业产品的价格和利润打压得所剩无几。在此时机，及时的售后服务正在成为企业制胜的最大法宝。众多全球百强的优秀企业，早已搭建起一套卓有成效的信息化服务体系，不仅实现了全国服务信息的联网同步，甚至建成了集自动派工、备件管理、网点管理、自动结算、质量改进等功能于一体的顾客服务平台，以出色的服务赢得了客户的好评。但是面对飞速变化的市场需求，企业更需要将原本固定的信息化服务体系进行全面的突破，直接延伸到每个客户面前，彻底打通售后维修服务的最后一个环节，让客户体验崭新的移动化售后维修服务。

一、问题与挑战

企业方面：

1. 想要实时了解现场维修人员的位置情况，方便进行工作和任务的调度。

2. 有很多下辖的分级服务合作商，需要能够随时了解他们的需求和服务情况，便于改进服务质量。

3. 需要实时了解在外维修人员的维修状况。

4. 需要维修记录自动写入系统，并且每个月自动统计报表。

维修人员：

1. 需要一种更加方便的接单方法，可以随时接收新的完整的任务信息，不用浪费大量时间，来回折返公司领单。

2. 希望在上门维护时，具有便携识读设备，很容易就可以完成各种产品编码扫描录入。

3. 维修经常出现突发性问题，来回沟通太浪费时间，需要一种实时的信息交互工具。

4. 希望在外出工作的时候能随时登录公司的服务系统，寻求内部资料和相关帮助。

5. 希望 PDA 上可以查询零配件价格，让客户可以进行价格咨询。规划导入"PDA 售后维修派工系统"的策略，为现场维修服务人员提供最佳的手持装置维修作业应用系统，可协助企业达成无纸化及无线数字神经信息系统的愿景，实现随时随地的理想。而相信高效率的 M 化系统，将能更有效益地提升日常作业流程的效率，大幅提升工作效率及企业竞争力。

二、系统流程

PDA 移动售后维修服务系统是帮助企业建立高质量的维修体系的管理工具。系统帮助企业对维修人员进行规范服务，远程进行派工，并了解维修人员的服务质量，同时通过远程知识库对维修人员进行技术支持。

整个系统基于行动智能科技自主研发的 imPUSH 无线中间件平台上，分为前段终端设备和后台服务器，以 PDA 作为终端设备，在 PDA 上运行售后维护服务管理程序。维修人员可以在程序中输入维修的客户、维修产品型号、维修产品故障分类，客户对维修记录的反馈和确认。系统还可以针对企业现有产品的检测维护工作，将部分维修检测的系统工具移植到掌上电脑，充分发挥掌上电脑易于携带、功能强大、配件丰富的特点。

三、系统功能

1. 维修单录入：客服中心人员接到客户来电，客户提出对购买的产品进行保修。客服人员在派工系统中对客户的姓名、地址、电话、保修的产品型号、状况进行记录，同时把此维修单发送到对应的维修人员的 PDA 上。

2. 维修单接收：维修人员的 PDA 上可主动及时地收到客服中心发送过来的维修单，查看客户基本信息。

3. 客服中心维修进度监控：维修人员从接收工单开始至到达客户端的过程中，必须在几个时间点给予后端汇报，让客服中心人员了解维修人员目前的位置信息，分别是"派工确认"、"派工出发"、"派工抵达"。

4. 维修作业记录：维修人员可通过 PDA 对其作业状况进行记

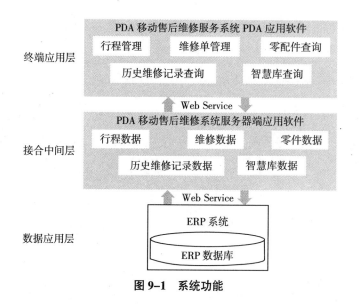

图 9-1 系统功能

录，我们特别设置了针对模块，只需轻轻触控屏幕，维修内容便可一一记录，避免了大量的文字输入。维修过程中，如若维修可通过 PDA 查询此机器的历史维修记录，包括维修方法，或者链接公司的智慧库，查找此问题的维修方法。维修完成后，客户如对维修的价格或者零配件的价格有疑问，可通过维修人员的 PDA 进行价格查询。确认无误后，维修人员可在 PDA 上确认完成的作业内容，并且写上备注。客户可在 PDA 上签名确认，如若有需要拍照之处，可通过 PDA 将维修的机器状况拍照保存，并及时通过 GPRS 网络回传后端系统。

5. 客服中心记录：客服中心人员可及时收到维修人员的工作状况汇报。

四、系统功能特色

（一）Security（安全）

由于 PDA 可连接公司的资料库，故 PDA 数据安全是重中之重。

imPUSH 有强大的数据安全性和加密性技术，移动应用程序的安全控管系统，结合身份认证、机码管理、资料时效性、系统功能权限等多项安全控管机制，可保证 PDA 上的数据安全。

（二）Interactive（互动）

维修人员在路途中难免会有突发状况，无论是道路拥塞还是车辆故障等情形，客服中心均能实时地接收来自手持装置的位置与紧急通报信息，迅速拟订应变措施，避免延误客户的时间，精确掌握人员的状况，提供客户最及时的状态。

（三）Real time（即时）

行动智能科技（上海）有限公司独家的 Push 技术，只须轻触屏幕，维修人员可从任何地方，随时随地利用无线通信网路（如 GPRS、Wi-Fi）的方式来下载确认最新的维修排程指示，并明白每个客户的服务要求。在行动工作中，当无线连接被中断，或是根本没有联机服务时，自动储存记忆照样工作。

五、实施效果

1. 维修全程更高效：彻底摆脱了时间与空间的限制，将办公的概念从固定办公地点衍生到任何地方。再也没有纷繁复杂的纸质单据和签写流程，只需轻轻一点，有关的任何记录都会立刻存入远程的公司数据中心，工作效率成倍提高，公司收益更加可观。

2. 维修业务操作和管理更便捷：不用再担心电脑和网线，也不用担心操作程序太复杂，基于手机的售后维修系统给用户带来了更大程度上的方便。只需轻轻点击手机上的几个按键，就可以迅速进入售后维修服务系统的新世界，操作简单，容易上手，使得业务开展和工作管理方便自如。

3. 维修工作能力更突出：PDA 售后维修服务系统模式丰富，维修人员不但可以随时录入工作的完成情况，而且还可以利用手机进入信息资源丰富的智慧库，查阅与此项目维修相关的各种知识，使维修人员能力更为出色。

4. 系统维护、升级更灵活：PDA 移动售后维修服务系统支持各种平台和数据库，通过中间件（Middleware），用户原有系统的业务数据和业务处理模式可以完整地体现在手机上，方便用户使用和升级。PDA 移动售后维修服务系统还能实现需求功能模块定制，无论用户有什么需求，可通过成熟的技术构架进行快速组合，满足用户全方位的需求。

5. 信息化成本更可控：PDA 移动售后维修服务系统无须单独购买服务器，在原有的业务服务器上利用软件进行升级即可。并且使用手持装备后，不必再配备 PDA、数码相机等昂贵设备，终端多合一可以节省大量成本。此外，PDA 移动售后维修服务系统还实现了无纸化办公，避免了纸张资源的浪费。更为重要的是，PDA 移动售后维修服务系统使得公司的业务环节得到了简化，避免了各环节的资源浪费，也使得人力成本大幅降低。

第七节　我国修理业存在的问题

一、缺乏帮人排忧解难的精神

修理业是一项技术服务工作，凡是上门顾客，都是急于解决问题的，有些从业人员却把一些利润比较小的生意拒之门外，使顾客不能够得到相应的服务。

二、乱收费

个别从业人员见利忘义，认为顾客是外行而乱收费，使顾客蒙受损失。主要方式有：

（一）"偷梁换柱"

在修理业中，"偷梁换柱"、"移花接木"欺诈消费者的行为尤为可恶。如我们经常收到摩托车修理的投诉。投诉的消费者因摩托车上的皮带断了，到一家摩托车行修理。换了皮带后，骑行不远发现还有问题，就推到另一家修理部去修，结果拆开一看，换的竟是烂皮带。据调查，消费者时间紧迫时，往往把要修的东西先放在修理店，修好后才去拿，这就给一些素质差的维修人员以"偷梁换柱"的可乘之机。他们往往拿二手或伪劣的零配件来欺骗消费者，有的甚至将维修物品中好的零配件换走。据业内人士称，旧配件、新配件、散装配件、原装配件、国产配件、进口配件之间差价很大，这是一些人移花接木的动因。这些店往往也会兼营收购旧手机、旧家电等业务。

（二）"胡乱定价"

对于业内价格黑幕，某一手机超市的杨老板直言不讳：修理业内部确实没有统一价位。比如说手机修理，你报你的价，我报我的价，大有猫腻。要说标准的话，那就是业内行情：一看手机价格，手机愈贵，即使一样的修理成本，叫价也愈高；其次看顾客熟悉与否，如果不熟悉，那宰你没商量。

（三）收费标准不一

修理业维权难，难就难在侵权责任很难界定，赔偿标准不好把握。说起修理业维权现状，比如某人手机信号修理的事，修理人员认为这是修理时必然会碰到的问题，不属于他的过失，而手机修理人则认为这手机是修理人员弄坏的。消费者与修理机构争论的结果就是消协当"和事佬"，劝了这个劝那个。遇上双方不肯退让的，调解便没办法进行，因为一方面消协工作人员对专业手机修理也不太清楚，无法准确界定双方责任；另一方面，消协也没有强制执行权。

对于修理业的乱定价问题，应由物价部门来制定修理收费标准，但是不利于放开市场，不利于市场主体之间的竞争。修理收费必须明码标价，进行价格公示，但实际上做得比较少。

第八节 美国修理业借鉴

一、美国修理业现状

受 2008 年金融危机影响，从汽车生产商到电视机生产商，不少行业销售大不如前，但修理业却因危机得益。

美国每周有数万人受金融危机影响失业，更多人面临失业担忧。收入减少，人们支付不起昂贵的新产品，只能选择修补旧物件。

在亚利桑那州图森市一家旧轮胎商店，尽管经济不景气，但店主的生意却不错。

顾客来修理店，知道修理店不会卖给他们新轮胎，而是把旧的修好，让汽车能重新上路。修理店修理轮胎的费用为 5 美元，卖一套旧轮胎开价 60 美元。

在美国从亚历山大的个体商店到上市企业，修理业的生意都不错。在经济艰难的情况下，人们不得不维修一些必需品，以维持日常生活。

据报道，自 2007 年年末以来，全美国超过 360 万人失业。手头拮据的消费者购买新物件时能省则省。

在亚利桑那州菲尼克斯市，某吉他和电器修理中心客源不断。经济危机让修理店生意更好，越来越多的人光顾这里修理，因为他们没钱买新货。吉他是这些人维持生计的必要工具，就像建筑工人离不开锤子。

修理店的顾客大部分专业从事音乐工作。一把新吉他价格在 200 美元至 300 美元之间，维修费用比买新吉他低些。顾客已无法额外拿出 50 美元换新乐器。

俄亥俄州辛辛那提市一家名为"看守"的修鞋店专门修理鞋和箱包等皮革制品，一年来生意红火，现在每天可接到 70~100 单修理活计。不少人宁可花 40 美元修鞋费，也不愿意花 100 美元买双新鞋，而且这种人越来越多。

二、美国汽车修理业

（一）严格的培训和考核

在美国，要想从事汽车修理工作，必须在高中文化基础上，再经过一年以上的相当于大专程度的专业技术培训，并通过 ASE 任职资格考试，拿到 ASE 职业能力证书。

ASE 是美国汽车修理业行业协会的英文缩写。ASE 是汽车修理界的权威机构，具有极高信誉。ASE 考试涉及汽车修理的八个方面：发动机修理、自动变速器与变速驱动桥、手动传动系与驱动桥、悬架和转向系统、制动系统、电气系统、暖风和空调、发动机性能。

ASE 考试的试题由汽车行业不同的专家们提供，每道试题都经过专家们精心策划和严格筛选，并在全国范围内的优秀技师中进行预测，将预测中汽车技师们能明确理解的试题将纳入试题库，ASE

考试题就从试题库中选取。

ASE 考试范围包括基础理论和维修、诊断过程中的知识和技巧。ASE 考试要求考生具备检测、调整的能力，并能进行普通的修理、拆卸、装配和复原操作。试题中经常要求考生明确理解汽车修理和调整中所必须遵循的操作程序和注意事项。此外，还要测试考生对维修手册、维修工具以及测试设备的使用知识。

考生通过了 ASE 考试后，并不意味着自动取得了 ASE 认证证书，还要有至少两年的汽车修理经验（相当于两年的实习阶段），至此才算正式取得技师资格。如果考生能够取得汽车修理全部八个方面的 ASE 资格认证，将被授予"高级汽车技师"的职称。

值得注意的是，在美国取得一次性的 ASE 职业能力证书，并不能一劳永逸，永远有效，还必须经过五年一度的再认证过程。当今世界汽车技术发展很快，几乎每年都有变化。作为汽车修理行业必须跟上这个变化，掌握新的维修技术。这种再认证过程，促进从业人员加强学习，更新技术，从而适应技术进步的发展需要。

（二）自备工具，独立工作

美国的汽车修理技工必须自备工具，包括手动和气动工具，其价值在 2000 美元以上。技术越高的技工，他的工具就越多越值钱。如果会修理不同的车型，他所准备的工具就会更多。修车时是一个技工包一辆车，从机械、电器到电控一修到底。

（三）规范管理下的汽修厂

美国汽车维修厂分为两大类：一类是机械修理厂，服务对象是正常故障车辆；另一类是碰撞修理厂，也就是我们所说的事故车修理厂。无论哪类修理厂要想开业，政府有一系列规定条件，诸如市政府颁发的营业证、压缩空气使用证、州政府批准的消费者协会证及零件免税证（修理厂不必为买进的零部件纳税，这部分税金将由用户承担）、员工身体健康证、修车技师考级合格的 ASE 证书等。

这些证件都公开悬挂在墙上，以便用户和检查人员随时查看。

修车厂无论大小，必须设备齐全、功能完善。一般机械修理厂都要具备空气压缩机、机油加注机、举升机（配备较多）、带有废气分析仪的发动机诊断仪、解码器、冷媒加注机、发动机换油机、轮胎平衡机、发动机变速器吊装机、制动器加工车床、零件清洗机等。此外，还必须配备废油箱及废弃物总箱。美国法律规定，这些废油、废液等不得乱丢乱倒，都必须收集在专用箱中等待回收。

美国的车多，品牌及种类自然也多，每个修理厂都设置两台以上的计算机，一台用于查询维修过程中需要的资料信息，另一台用于自身管理，如做计划、顾客的资料等。

每个修车厂还有一个小小的配件库，备存的主要是易损件，如滤芯、火花塞、排气管、灯具及皮带等。其他配件现用现买。美国按地区设置若干汽车配件供应商，购买零部件很方便，打个电话就可以订货。

（四）交通肇事车专修厂

侧重修理交通肇事损坏车辆的碰撞修理厂在设备配置上与机械修理厂有所不同，他们的主要设备是车身手术台、喷漆烤漆房及局部喷烤用的烤灯，此外还有调漆设备、四轮定位仪、举升机、打磨与抛光设备、焊接与切割设备等。对于事故车同样需要电气、空调、转向、悬挂、制动及玻璃等方面的修理，多数碰撞修理厂除了电气方面自己干以外，其他方面的修理则由具有专长的专业修理厂带诊断设备和检修工具来厂修理。这些碰撞修理厂什么样的车型都得会修，所以他们很重视维修资料。他们大都使用米切尔公司出的手册和光盘，如 CRW，该光盘中包括了近 10 年全世界 3000 种汽车和轻卡的车身及底盘的全部尺寸，这样维修时用车身手术台将碰撞变形的车身拉正到资料中给出的原始尺寸即可。他们也利用资料上给出的碰撞过程中损害的覆盖件的价格及拆装工时，经过汇总向用户报告修复该车所需的费用。

（五）严格的服务程序

碰撞车修理厂有两大类：一是保险公司的定点修理厂，另一类是固定品牌汽车销售商的特约修理厂，如奔驰汽车特约维修厂等。属于售后服务性质的特约修理厂，因汽车在保修期内很少有机械故障，前来修车的多为碰撞损坏的汽车，所以碰撞修理成了他们的主要工作。

在规模上，碰撞修理厂都比机械修理厂大，这是因为修理内容复杂，占用面积大及修车时间长等因素决定的。例如，一家比较普通的保险公司定点修理厂，它的厂房面积为 800 平方米，此外还有 400 平方米的场地和 700 平方米的停车场。另一家奔驰汽车特约汽修厂，它包括机械修理与碰撞修理两部分（各自独立经营），其中，机械修理厂房与场地总共 1000 平方米，而碰撞修理厂光厂房就有 1000 平方米，此外还有 3000 平方米的停车场。这些碰撞修理厂都没有豪华接待大厅，只有一间不超过 50 平方米的营业室。

碰撞修理厂虽然规模大些，但人员也不是很多，一般来说，少的有 20~30 人，多的也就是 30~40 人，但是，他们的工作效率都比较高。一个拥有 20~30 人的保险公司定点独立修理厂，平均每天的在修车、待修车以及修好待取的车，其总数都在 50~60 辆之多，每个月能修好的碰撞车辆达 200 辆左右。

顾客如何到修车厂修车，美国也有相应的法律规定。修车程序是先由车主填个表，说明要做什么保养或什么地方有故障毛病，然后由技师进行检查，确定是什么问题，最后根据修理方案，估算出所换零件和所用工时的维修费用，由车主签字认可。在修的过程中，如果发现新的问题，必须及时与顾客联系，征得车主同意后才能动手处理。维修后由车主付款、签字，厂家对维修质量有一个保修期。

如果在开店前或关门之后顾客前来修车，厂家门口有一个信箱和备用的信封，顾客可在信封上填好要做的服务项目以及如何联系等，然后把车停在指定的停车场上，把车钥匙放入信封投入到特制的信箱内。厂家开门后从信箱中取出信封，与顾客联系便可以修车了。

（六）"AAA"紧急救助

在美国，一般的修车厂门口都有个 AAA 标志，这是美国一家著名的道路紧急服务协会的标志，它的一项任务就是汽车救援。如果车主是该协会的会员，他的车子损坏时就会被送到有 AAA 标志的修理厂，享受特别的服务关照。

修车厂都很注重自己的服务质量，不光故障毛病要排除掉，而且照顾到方方面面，尽量达到用户满意。例如，为避免弄脏汽车内部，他们事先将座椅套上罩，在下面铺上脚垫；当车身表面喷漆抛光后，为避免再被污染，都要给整车覆盖上塑料罩。凡是进行养护的汽车，经过精细的美容处理，即使是开了十几年的旧车，也将被装扮得像新车一样。

（七）人员精干效率高

美国的汽修厂很讲实际，他们不追求华美的接待大厅和高级的厂房，他们所追求的是设备和功能齐全，各种维修需要的资料完备，人少效率高。

美国大约有汽车维修企业 30 万家，其中机械修理厂占绝大多数，遍布全国各地；而碰撞车修理厂占少数，约有 5 万多家。一般的机械修理厂规模都不大，有的历史悠久、信誉很高，但厂房面积也不过 300~400 平方米，此外有个不大的停车场。这类修理厂用人不多，大都在 10 人左右，去掉老板和管理人员，修理工人也就 4~6 人，但是每天的修车量都达 15~20 辆，年平均修车量都在 4000 辆以上。

第九节　我国修理业发展的趋势

一、加强对个体修理业管理

当前，我国修理业基本上是以个体为主，这些人在城市的大街小巷支摊立铺，从事修自行车、配钥匙、补鞋子之类的生计，方便了人民群众的日常生活。但是个体修理业存在的一些问题却不容忽视：一是开口乱要价，如修理手表，这家要十几元，那家就几十元，全凭修理户上下嘴唇一碰。二是服务质量低，有的修理户纯属"滥竽充数"，不仅修理设备陈旧落后，而且往往"聋子"没治好反治成了"哑巴"。三是不讲信誉，有的修理户故意把小毛病说成大毛病，甚至把没有毛病的地方也说成有毛病，骗取顾客钱财。还有"马路游击队"收了顾客的活儿竟席卷而逃。如此等等，损害了消费者的利益。

因此，建议有关部门要加强对个体修理业的管理力度：一是对服务项目有个统一定价或最高限价，让消费者心中有数。二是检查修理人员的技术水平，对"滥竽充数"者要予以清理。三是对不讲信誉且屡教不改者给予重罚，直至吊销其营业执照。另外消费者也要增强自我保护意识，尽量不找"马路游击队"，最好去找信誉高服务质量好的固定摊点。

二、对修理业进行规范化管理

北京市 1997 年 10 月 24 日发布实施了《钟表修理业关于对服务质量和价格投诉的处理办法（试行）》，具有重要意义，对于规范修理业的发展起到了促进作用。

加强安全教育培训，组织他们学习安全生产法律、法规和技术知识。坚持特种作业持证上岗。同时，各地技校、大中专学校以及各种机构举办的生产技术培训班，也应将安全生产内容列入其中，做到多管齐下。

三、加强部门之间的协作与合作

1. 应该尽快成立行业协会，在行业内部实行评比，对无投诉、消费者满意的修理店授予不同的星级称号。维修店规模小、太分散是难管理的一个重要因素，因此提出可试行定点维修，做大单间维修店规模，使维修更专业、更规范。针对鉴定难的问题，一方面，质监等部门可以指导成立专业鉴定机构；另一方面，消协等维权工作人员也应加强相关知识学习。

2. 加强技术标准的制定与监督，严格持证上岗制度。技术标准体系由质量技术监督部门加强管理，收费标准由物价部门管理，工商局负责市场管理。

3. 对修理行业加强协调管理和规范，质检、物价、工商、税务等部门应尽快出台与之配套的修理行业收费标准，对坑害消费者的违法行为给予严厉查处。

四、修理业需要在理论与实践上创新

随着经济和社会的发展，修理业不仅仅是一个环节业务，而是与其他环节业务一起构成新的产业链条，并促进整个产业的发展，就中国家电服务业协会的业务来看也是如此，家电维修仅仅是其多种服务的一个组成部分，而且其家电服务业的收入超过制造业的收入。

附件1

完善生活服务业体系　促进消费升级

——洪涛教授主持的《2011年中国生活服务业
体系发展报告》发布

2011年3月19日，北京工商大学经济学院贸易系主办的"完善我国生活服务业体系，促进消费升级研讨会"在紫玉饭店举行，研讨会发布了洪涛主持的《2011年中国生活服务业体系发展报告》。

参加研讨会的有著名消费经济学家、中国社会科学院财贸经济研究所所长杨圣明教授，商务部政策研究室张学元副处长，中国商业联合会沐浴专业委员会常务副主任刘南征，中国家用电器服务维修协会会长刘秀敏，经济管理出版社勇生主任，中央财经大学研究生部副主任周卫中教授，北京联合大学商务学院张荣齐教授，北京劳动保障职业学院屈冠银副教授，以及北就工商大学耿莉萍教授，徐晓慧教授，商学院冯俊教授，消费日报副总编辑王卫平、主编周净，中国市场杂志社执行主编俞晓兰、周南记者，国际商报傅莲英主任记者，中国商报胡斌主任记者，北京商报、商业周刊王晓然主编，超市周刊陈岳峰记者，中国工商经营时报赵向阳记者，北京市经济与社会发展研究所助理研究员曾金蒂，以及研究生代表30多人参加了会议。

北京工商大学经济学院贸易系贸易经济教研室副主任李丽副教授主持会议，洪涛教授作《2011年中国生活服务业体系发展报告》介绍。该报告是商务部政策研究室课题，在结项的基础上形成我国第一份生活服务业发展报告。

生活服务业是指利用一定设备、工具为消费者提供一定服务性劳动或少量商品的企业和单位的总称，是社区商业的重要内容。包括餐饮与早点、住宿业、美容美发美体业、沐浴沐足业、家政服务业、再生资源回收利用业、洗染业、照相业、修理业九大体系。

1. 报告分析了我国生活服务业现状。我国生活服务业包括的面较广泛，涉及餐饮与早点、住宿、美容美发美体、沐浴沐足、家政服务、再生资源回收、洗染、照相、维修服务等多个行业，而且市场化程度较高，主要是靠市场发展起来的，并非政府手段而为之。因此，对生活服务业研究重点要集中在这 9 个方面。

2. 报告总结了我国生活服务业取得的成就。改革开放以来，我国生活服务业得到了迅速发展，生活服务业促进了经济增长，解决了大量劳动力的就业，提供了大量的税收，满足了人们的消费需求；便利城乡居民生活，提高生活质量；促进我国经济结构调整；促进我国低碳经济的发展；汽车美容等引领了新的消费时尚和潮流。

3. 报告剖析了我国生活服务业存在的缺陷与不足。我国生活服务业虽然发展迅速，但仍有很多问题，如生活服务业没有规范标准，有些制定了，但是，并不执行，许多服务业鱼目混珠，重复建设和趋同投资相当严重；造成了许多经营上的困难，不利于消费者利益的保护，也不利于服务业市场发展。具体如下：长期不受人们重视；缺乏相应的标准；人才较为缺乏、服务质量不齐；安全问题复杂、工作难度较大；行业市场混乱，市场竞争无秩序。

4. 报告提出了我国生活服务业发展的对策思路。一要提高对生活服务业的认识；二要制定相应的标准体系；三要培育多层次、多规格、复合型的生活服务业人才；四要加强国际行业交流；五要加强生活服务业行业协会建设；六要政府宏观调控部门加强协调与合作。

报告集中对生活服务业九大行业现状、问题、发展趋势进行了分析研究，提出了许多好的政策建议，受到商务部领导的好评。

首先，杨圣明教授发言。杨圣明教授是 1963 年就开始从事消费研究工作的，并三次获得了孙冶方经济科学奖。2003 年当选全国人大代表。他为这次研讨会带来《中国式消费模式选择》一书。杨圣明教授讲了两个问题：一是希望能加强消费问题研究，因为我国现在还有一些消费问题没有研究到位，消费问题中最应注重研究的是消费体制问题。他认为，不仅消费体制问题是值得我们重视的，甚至国家中许多体制都应该引起我们的重视，包括住房问题、医疗问题、托儿所教育问题、交通问题等。我国的经济发展已经取得了很大的成就，我国 5 个城市已经进入发达国家水平，我国国情已发生巨大变化，应该根据 13 亿人口的生活现实，研究具体、现实的体制问题。二是研究消费必须是理论加上实际，并用来解决中国问题。目前，中国存在的问题还很多，解决问题的途径也有很多。我们应该向国外借鉴经验，比如我国的公积金制度就是借鉴新加坡的经验，并在我国有很好应用。他认为，解决服务业存在的问题的方法最重要的不是靠政府监管，而是要加强内部人的管理制度，通过内部人的激励来揭露问题。

中国家用电器服务维修协会刘秀敏会长发言。发言分为三个部分。第一，她认为这次研讨会的主题很好，完善生活服务业体系需要在理论上有所建树，在实践上不断创新。家电服务业是生活服务业体系建设中的一部分内容。第二，她介绍了家电服务业的涉及范围。2007 年 1 月 8 日，家用电器服务维修协会召开了发布会，主题为"蜕变推动家电服务业发展"。家电服务业包括的维修服务只是其中的一个内容，改革开放 30 年以来，家电服务业不仅是"坏了修"，而应该包括更多方面。以当前的形势来看，维修服务只占了家电服务业 1/3 左右的收入。因此，要通过"蜕变"的方式来解决家电服务业的理论和实践问题，不要把家电服务业局限在修理方面。目前，家电服务业已从售后向售前、售中发展，并涉及了咨询、选购、设计、安装、使用、保养、维护、清洗这些领域，并且这些领域的涉及在中国的增长速度是非常快的。因此，我们要把家电服务业放在服务业发展的大环境上考虑。中国的企业已开始一个局面，那就是服务业利润的增长已经超过了制造业，我国的服务体系已发生极大变化。2009年中国家电服务业销售为8568亿元，其中三包期内的上门安装、服务1013亿元。2010年中国家电服务业收入为9200亿元，其中家电下乡1700亿元。第三，强调了家电服务业的未来发展重点。①家电服务业的产业化发展。②服务品牌的培育建设，苏宁的服务体系建设得就很好。③服务市场创新营销模式发展，推动卖场的研发。

中国商业联合会沐浴专业委员会副主任刘南征表示，这个生活服务业发展报告很好，为我们提供了很好的借鉴。沐浴行业的发展很重要，全国政协常委张志刚曾经说，全国上下正处于奔小康的阶段，要进行消费升级。他认为，对于政府是否要引导消费，一直众说纷纭，他举了两个极端为例。一部分是需要引导的，当钱多到不知道怎么花的时候就需要引导，这部分人约占总人数的20%，在七星、八星级宾馆一个晚上消费几万甚至几十上百万元；另外一部分是低收入人群，北京还有一些一年都吃不起肉的人，他们必然是不需要引导消费的。他指出，引导消费是个模糊的概念，中国是否需要引导？答案是肯定的，但是重要的问题是钱包鼓还是瘪的问题，要先解决这个钱袋的问题。

目前中国轻商观念较严重，要呼吁提升消费和流通业的地位，可以向财政部或商务部提研究中国的过剩问题，哪些不过剩也要进行研究。商务部姜增伟副部长曾经问他消费不足的"瓶颈"在何处。这个问题鲜有人思考，需要琢磨。要想让这个行业发展，就要降低进入"门槛"。既然国家承认在经济发展中国家拿了主要部分，而且要想让老板拿钱提高工资不太容易，应该要降低税收，并让企业与国家签订协议，让其发展与国家的GDP发展相吻合。

至于如何解决低收入人群的洗浴问题，他觉得北京针对低收入人群发放的消费券就是一个创举。消费券不能换成现金，只能理发、洗浴等，目前好像也只有北京这样做。昌平的温泉节也发放了10000张票，这样很好。3月17日的《新京报》报道了北京市已经把足疗纳入了社区服务。他认为，应呼吁政府部门将足疗这种简单、易行、保健、养生的行业纳入社区服务的范围。

最后他表示，金融危机对我国服务业的冲击不大，比如在香格里拉、Westing酒店消费可能都需要预约或等待。应该按各自的消费水平进行消费，政府还是应该多管理低端的消费者。中国沐浴业协会在人民大会堂举办的成立大会，有上千人参加，具有一定的社会影响力。

北京工商大学商学院冯俊教授认为，餐饮业的地位不高，刚刚过的"3·15"主要是为了保护消费者的权益。对于研讨会的主题"完善生活服务业体系，促进消费升级"，他认为，消费什么不需要引导，怎样消费才需要引导。他对2010年参加的两次婚礼印象很深，用"触目惊心"四个字来形容浪费的严重程度。他说，参加婚宴往往是为了随礼，而主办人却要把饭菜做得精致体面，浪费很严重。这种现象很值得研究和探讨。

他表示，用工荒（尤其是今年）问题由来已久，招工一直很有困难，只能去乡里、村里招工，即使这样也很难找到。原因有如下几个：餐饮地位低、餐饮业社会地位低、员工收入低、工作累，还找不到尊严。消费者往往对服务员的态度很不平等，而在国外则通过给小费塑造一种平等的关系。他用"腹背受敌"来形容我国服务员的状况："后有经理，前有顾客。"

他还说，中国吃东西不加选择，不良的消费习惯也很多，比如，滥用一次性筷子、浪费餐巾纸等，但是研究却很少。"完善生活服务业体系，促进消费升级"是从产业的角度研究问题，对社会问题的关注则比较少。

他认为，要想促进消费升级，要提高消费者的素质，加强消费者的教育，这样才能真正促进消费升级，塑造文明社会。

北京联合大学管理学院张荣齐教授发言。首先，介绍了洗染业的发展状况。他是从 1990 年开始从事的洗染业研究，他指出我国的洗染业已达到发达国家的技术水平，从事洗染行业的人员中本科生、硕士生很多，人才不是问题。张教授对洗染业的发展提出了以下几点问题：①洗染连锁店应该怎么实施标准化经营，并建立统一的体制；②洗染行业的用工荒问题如何解决，现在的初高中毕业生都不愿意干这个行业；③洗染从业者技能已经在逐步提高，洗涤的用品、技术都在逐步向高科技发展，而与现代技术的同步培训对接应该怎么解决；④行业的标准化管理应该如何与时俱进，旧的技术应该怎样淘汰；⑤大型连锁洗染业的商家应该怎么和地方政府对接；⑥从业人员的收入水平应该如何提高，洗染进入社区的规划问题、环保问题应该如何解决；⑦产业的升级与配套的服务相结合；⑧生产型服务业与保障性服务业怎么结合，怎么实施补贴对接。

张荣齐教授给研讨会带来了一篇《完善生活服务业体系应关注以社区商业促进消费升级》的论文。论文包括 4 个方面内容：

1. 生活服务和消费的重心将落在社区。商业网点建设要在促进城市商业繁华、繁荣的同时，更加注重满足老百姓日常需求的商业和生活服务的设施建设，要把社区商业作为规划的重点。

2. 社区商业发展的难度。①社区商业是社区建设的难点部分。转变消费环境、消费方式、消费观念是社区建设的重点和难点。②社区商业的现状问题很多。包括：社区商业经营者承担了过多的税收负担；社区商业与居民生活没有很好的功能分区；社区没有获得与其人口比例相称的国家保障投入；社区商业的资金过多地转移到城市商业；农村社区居民没有获得与城市社区居民平等的福利保障待遇；社区与社区居民基本消费实力差距悬殊等。

3. 社区商业需要巨大的智力支持。①商务部制定社区商业的法规和政策需要智力支持。②地方政府如何建设新社区需要智力支持。③企业如何参与社区商业需要智力支持。

4. 营造有利于社区商业发展的环境。①完善社区商业发展政策。实行鼓励类社区商业用电、用水、用气、用热与工业同价，扩大社区商业用地供给。②加快推进服务领域改革。多种所有制参与社区商业建设，探索有利于社区商业加快发展的体制机制和有效途径。

《消费日报》王卫平副总编辑认为，没有笼统的消费者概念，只有阶层消费者的概念。接受服务的人和服务业的人就是无法平等的，顾客至高无上，消费者永远是对的。他认为各个阶层要分别考虑，每个阶层都应该依据自己的阶层进行消费，每个阶层都得到应得的服务就是完美的社会，否则将不利于幸福感和完美感。

中央财经大学研究生部副主任周卫中教授认为，生活服务业很重要，这是与我们生活息息相关的。第一，中国经济的快速发展必然会带来许多挑战。我国目前的消费水平还不是很充足，消费不足和社会的保障水平有关系，如果保障不到位，消费必然会不足。在我国，与百姓密切相关的服务业没有被重视起来，在这些产业中没有相关的优惠政策。生活服务业在我国没有被重视起来具体表现在这些行业的发展数据都很难找到，产业的机制不健全。所以，政府应该通过多种渠道鼓励生活服务业的发展，最重要一点就是要注重保障措施，提高消费者的积极性。第二，消费能力问题，表示赞同王卫平副总编辑的观点。他指出，不同的阶层的消费能力是不同的，因此消费的内容也是不同的。另外，他强调了消费者和提供服务者的地位是不同的，服务者应该尽全力做好服务工作。

北京工商大学经济学院贸易系耿莉萍教授长期从事消费研究，她认为，从更长远地看，生活服务很大比例是"一对一"的服务。她认为，随着社会的发展，即使是教授的退休金都不一定支付得起保姆费，因为随着社会的发展，她们的工资也要提高，所以服务用工一定短缺。为何发达国家雇用"菲佣"。家政业工资低了没人干，工资高了没人消费得了。目前我国城市所有的服务岗几乎都是外地农民工，因为城乡的工资差别大，所以他们愿意来城里做工。她认为，如何应对这样的趋势值得大家探讨，提出亮点解决办法：一是减少用工，自助为主，比如洗衣业；二是加强社区互助等。

北京劳动保障职业学院屈冠银副教授认为，供给和需求是分析任何行业的两个切入点，可以把完善生活服务业、促进消费升级分为供给和需求两方面，完善生活服务业是供给问题，促进消费升级是需求问题。完善的生活服务体系可以推动消费的升级；反之，消费需求的升级可以拉动生活服务体系的发展与完善。消费供需的矛盾，主要是结构上的不对称，搭建信息沟通平台，有利于促进供需的协调。在市场经济环境下，二者矛盾的解决主要靠市场的作用，但是生活服务和居民消费涉及民生，政府不能不有所作为。他分别对供给和需求作了具体分析。首先，他指出完善的生活服务体系要求服务手段现代化、服务网点合理化、服务主体规范化、服务类型多样化。为此，应从三个方面入手进行完善：第一，政府要加大政策扶持力度，如拨付专项资金、企业税收减免、加强人才引进力度等；第二，规范行业组织，包括建立行业准入标准、促进连锁经营、倡导塑造行业品牌、规范用工合同等，以结束行业"小、弱、散、乱"的局面；第三，促进服务质量提高，如加强教育培训、转变营销观念、严格监督管理等。最后，屈冠银副教授又从需求方面进行了分析。他指出需求主要由购买力和购买欲望所决定。为此，促进消费升级，也可以从三个方面入手：第一，提高居民消费能力，让居民有购买能力，要求政府扩大就业、抑制通货膨胀、增加相关补贴等；第二，免除消费顾虑，让居民敢于购买，政府必须健全并完善失业、养老、医疗、住房保障制度等；第三，提升消费层次，由原来注重物质消费转向发展消费和精神消费。

《消费日报》、《消费时尚周刊》周净主编发言。她认为随着经济水平的提高，我国的消费层次在逐渐变化。在新的经济形势和领域下，我国的服务行业划分得越来越细致。她指出，我国的新兴服务领域还不是很多，所以应该加大这方面的发展，开发许多新的消费亮点。

中国市场杂志社俞晓兰执行主编发言。她认为，生活服务是与老百姓接触最直接的行业，但同时也是很缺少品牌的行业。所以，应该注重生活服务业品牌的发展，这样消费者对服务业的认知程度会提高，接受程度也会提高。品牌的发展不仅可以吸引消费者，也会加快企业的发展，创造更多的收入。最后她指出，生活服务行业协会应该注重人才的培养，着力于提高服务行业的人才素质。

北京工商大学经济学院贸易系副主任李丽副教授发言。她从另一个角度谈消费问题，她认为生活服务业也是产业，需要升级改造。升级分为两种观点：一是产业结构的升级，二是自身的升级。随着生活水平的提高，需要提高科技含量。比如快递行业，也是生活服务业。快递行业发展很快，沟通了卖家和商家，使买卖交易"随时"、"随地"、"随需"（比如家具就地安装，送货时带多种选择）。如何对消费行业进行流程改造以满足消费者的需求？民生是最终目的，要对产业进行升级改造。

《北京商报》、《商业周刊》主编王晓然记者认为，商人的核心思路就是赚钱，有时会思考社会责任；"网商"的崛起让物流业进入了公众的视线。

中国商经学会副秘书长、学会委员会副主任、北京工商大学经济学院贸易系主任洪涛教授最后做了总结性发言。他感谢各位在万忙之中前来参加研讨会。他认为，生活服务业是流通产业中的一个重要组成部门（流通产业包括农产品流通体系、生产资料流通体系、日用工业品流通体系、再生资源流通体系、商务服务体系、生活服务业体系、信息服务体系），随着社会的生活服务业不仅包括九大生活服务业，还包括一些新消费、新时尚的生活服务业。但是，我们在这里主要发布了九大生活服务业发展报告，因为这九大生活服务业历史悠久、劳动就业密度高、具有广泛性、与民生联系密切，却长期不受重视，发展快慢、高低参差不齐，但总体发展迟缓、相对滞后，不能满足现有消费者的需求，应当引起高度重视。他希望这个研讨会可以引起社会对生活服务业的重视，加大对生活服务业的宣传力度，深入对生活服务业的研究。

洪涛教授认为，"十二五"国家提出把消费、投资、出口三者协调拉动作为发展的动力。正确认识中国的消费类型十分重要，目前对中国的消费类型说法有三：一是需求型消费论，认为要扩大消费，就必须有需求，有需求就必须要增加收入，也就是说必须增加收入促进消费。二是供给型消费论，也就是现有消费在一定时期是相对不变的、客观存在的，如果不能够创造性地提供新的消费需求实物产品和服务产品，便不能满足各种消费需求，所以要大力发展生活型的服务业，满足消费需求。三是"需求型消费＋供给型消费"论，即一方面要提高城乡居民的消费收入，只有收入增长了，消费需求才会得以提高；另一方面要保障多种实物产品和服务产品供给，生产出适销对路的新产品，特别是新的生活性服务产品。

洪教授认为，正确认识中国的消费类型是做好"十二五"规划的重要前提。认为"搞活流通，促进消费"很重要，希望在市场经济大潮下，尤其是"十二五"期间，生活服务业体系可以凤凰涅槃，有一个新的发展。

附件 2

北京市钟表修理业关于对服务质量和价格投诉的处理办法（试行）

（1997 年 10 月 24 日发布实施）

第一条 为维护消费者和经营者的合法权益，公正、公平、有效地解决钟表修理业在服务中，消费者与经营者因服务质量和价格引起的各种争议、纠纷和投诉，依据《中华人民共和国消费者权益保护法》、《北京市实施〈中华人民共和国消费者权益保护法〉办法》和《北京市饮食业、服务业、修理业、旅店业行业管理办法》，制定本办法。

第二条 凡在本市行政区域内，从事钟表修理业的经营者均应遵守本办法。

第三条 经营者无论经营规模大小（包括租赁柜台或场地、简易摊点等），均应明示营业执照、经营许可证、岗位合格证或北京市就业、转业训练结业证书；明示训练服务项目、修理价格、投诉的单位和电话，并保证修理质量。各种证、照不得转借、转让或冒名顶替。

第四条 经营者在为消费者提供服务前，应对修理的钟表进行认真的检查和测试，向消费者说明钟表故障的部位，修复的手段和效果，以及所需费用等，在征得消费者同意后开具服务单据，服务单据应按《北京市钟表修理服务规程》的要求，明列各项有关内容，并经消费者确认。因经营者违反这一规定，由此产生的一切后果和责任，均由经营者承担。

第五条 经营者在修理高档、高值、精密以及新型钟表时，可与消费者协商，实行保值精修。即由消费者提出钟表价值，并在双方协商一致的前提下，作出书面保值精修约定，由消费者交纳议定价值百分之十的保值精修费（特殊情况下，保值精修费也可由经营者和消费者共同协商确定）。保值精修中，因经营者的责任，造成钟表损坏、遗失，或经鉴定，未达到《北京市钟表修理质量标准》要求，并直接影响该钟表原有价值而无法恢复的，经营者应依据与消费者议定的价值全额赔偿。

第六条 经营者因技术原因，钟表修理后经两次以上返修（含两次），仍未达到《北京市钟表修理质量标准》的，应将所收的全部费用退还给消费者（事先经双方商定并确认的老旧、残损及原产品质量有问题的钟表除外）。

第七条 经营者因操作不当，使所修的钟表损坏，且无法修复，或因保管不善，致使钟表丢失，经营者应按同类型钟表的实物或本市市场的平均价格予以赔偿。

第八条 经营者有意制造故障或将零配件损坏，而扩大修理范围的，经营者应无偿予以修复，并将非法所得退还给消费者。如由此而使该钟表性能达不到《北京市钟表修理质量标准》的，无论该钟表的新旧程度，经营者均应按第七条规定的赔偿办法，予以赔偿。

第九条 消费者依据本办法第五条、第六条、第七条、第八条规定与经营者进行交涉，或因经营者无正当理由延误交付期，或因修理质量，造成两次以上返修（不含两次，新发现的故障除外），而占用消费者时间的，经营者应按《北京市实施〈中华人民共和国消费者权益保护法〉办法》第九条的规定，给予赔偿。

第十条 有下列行为之一的，行业管理部门按照《北京市饮食业、服务业、修理业、饭店业行业管理办法》的规定，根据情节，给予处罚。情节严重的，提请工商行政管理机关及其他有关部门依法处理。

1. 经营者有第八条所述行为的；

2. 不执行同行议价标准的；

3. 转借、转让各种证照或冒名顶替的；

4. 不认真执行有关规范、规程、标准的。

第十一条　因修理质量发生争议，需经有关部门鉴定的，其鉴定费由提议方垫付，责任方担负。对于难以鉴定的争议，经营者应当提供自己无过错的证据，不能提供无过错证据的，由经营者承担责任。

第十二条　钟表修复后，自约定取件之日起三个月内，经营者负责保管，逾期不取的，经营者可按预先约定的金额收取保管费，超过六个月的，经营者有权处理。

第十三条　凡实行全额赔偿的，原钟表归经营者所有。

第十四条　经营者和消费者因服务质量和价格引起争议、纠纷，经双方协商无效，可向行业主管部门投诉或请求消费者协会调解，也可向人民法院提起诉讼。

第十五条　本办法具体应用中的问题，由北京市商业委员会负责解释。

第十六条　本办法自发布之日起施行。

附件 3

国民经济行业分类注释：居民服务和其他服务业

2007-8-15

本类包括 82—83 大类。

82 居民服务业

821 8210 家庭服务

指为居民家庭提供的各种家庭服务的活动。

包括：

——保姆、家庭护理、厨师、洗衣工、园丁、门卫、司机、教师、私人秘书等；

——病床临时护理和陪诊服务。

不包括：

——介绍劳务人员的劳务服务公司、三八服务社等，列入 7460（职业中介服务）；

——专为老人、五保户、残疾人员、残疾儿童等提供的看护、帮助活动，列入 8720（不提供住宿的社会福利）。

822 8220 托儿所

指社会、街道、个人办的面向不足三岁幼儿的看护服务。看护服务可分为全托、日托、半托，或计时服务。

包括：

——单位、街道、个人及社会办的托儿所。

不包括：

——幼儿园，列入 8410（学前教育）；

——以学前教育为主的幼儿看护服务，列入 8410（学前教育）。

823 8230 洗染服务

指专营的洗染店以及在宾馆、饭店内常设的独立（或相对独立）洗染服务。

包括：

——洗衣店、干洗店、洗染店及皮毛护理服务。

824 8240 理发及美容保健服务

指专业理发、美容保健服务，以及在宾馆、饭店或娱乐场所常设的独立（或相对独立）理发、美容保健服务。

包括：

——理发服务；

——美容服务；

——减肥服务；

——皮肤保健护理服务；

——保健按摩服务；

——足底按摩及泡脚服务；

——街头流动理发服务。

不包括：

——健美健身服务，列入 9230（休闲健身娱乐活动）；

——医疗护理服务，列入 8590（其他卫生活动）；

——整容服务，列入 8530（门诊部医疗活动）。

825 8250 洗浴服务

指专业洗浴室以及在宾馆、饭店或娱乐场所常设的独立（或相对独立）洗浴服务。

包括：

——洗澡、洗浴服务；

——温泉；

——桑拿服务；

——修脚服务。

不包括：

——与医疗护理有关的服务，列入 8590（其他卫生活动）。

826 8260 婚姻服务

指从事婚姻介绍、婚庆等服务。

包括：

——婚姻介绍所、电子红娘，以及专门为未婚男女提供联谊活动的机构；

——婚庆公司，以及专门为婚礼提供汽车、服装道具、摄像、照相、宴请、送礼等服务的机构。

不包括：

——专门的婚纱摄影，列入 8280（摄影扩印服务）。

827 8270 殡葬服务

指与殡葬有关的各类服务。

包括：

——火化、殡葬礼仪服务；

——遗体搬运存放服务；

——骨灰存放服务；

——殡仪管理服务；

——墓地安葬服务；

——殡葬用品服务（买花圈、寿衣等）；

——其他殡葬服务。

828 8280 摄影扩印服务

包括：

——婚礼摄影服务；

——艺术摄影服务；

——一般照相馆服务；

——图片社服务；

——照片扩印服务；

——利用计算机进行照片、图片的加工处理服务；

——其他摄影扩印服务。

不包括：

——报纸、期刊的摄影记者的活动，列入 882（出版业）的相关行业类别中。

829 8290 其他居民服务

指上述未包括的居民服务活动。

包括：

——社区服务中心、服务社（为本社区居民提供各项活动的综合服务机构）；

——儿童临时看护服务（街道、社区办的小饭桌、校外活动站）；

——自行车存放服务；

——送水服务（纯净水）；

——送奶服务；

——送报服务；

——提供有偿的帮助服务（买菜、排队购物、取奶、换煤气等）；

——其他未列明的居民服务。

不包括：

——专为老人、残疾人、五保户等提供服务的社区服务组织，列入 8720（不提供住宿的社会福利）；

——街道、社区为方便居民办的各项服务（小卖铺、小饭馆、修理、理发、澡堂等），列入相应的行业类别中。

83 其他服务业

831 修理与维护

8311 汽车、摩托车维护与保养

指非汽车制造厂、修理厂的汽车维修和保养活动。这类活动一般在规模较小的路边修理服务部进行。包括为汽车、摩托车提供上油、充气、打蜡、抛光、喷漆、清洗、换零配件、出售零部件等服务。

包括：

——各种汽车的简单修理服务；

——汽车美容、保养服务（打蜡、抛光、喷漆等）；

——洗车服务。

不包括：

——汽车修理厂的修理活动，列入 3726（汽车修理）；

——提供汽车发动机、底盘的拆卸修理服务，列入 3726（汽车修理）；

——仅提供汽车零部件的销售，列入 6562（汽车零配件零售）。

8312 办公设备维修

指各种办公设备修理公司、修理门市部和修理网点的修理活动。

包括：

——复印机、油印机、打字机、传真机等办公设备的维修；

——仪器仪表的维修。

不包括：

——计算机硬件及系统的维修，列入 6130（计算机维修）；

——打印机、扫描仪及其他计算机辅助设备的维修，列入 6130（计算机维修）；

——计算机生产厂的维修活动，列入 404（电子计算机制造）的相关行业类别中。

8313 家用电器修理

指家用电器维修门市部，以及生产企业驻各地的维修网点和维修中心的修理活动。

包括：

——电视机的修理；

——录像机、影碟机的修理；

——摄像机的修理；

——音响、录音机的修理；

——电冰箱、洗衣机的修理；

——其他未列明的家用电器的修理。

不包括：

——家用电器零售与维修一体的门市部，列入 6571（家用电器零售）。

8319 其他日用品修理

指其他日用品维修门市部、修理摊点的活动，以及生产企业驻各地的维修网点和维修中心的修理活动。

包括：

——照相机修理部；

——钟表修理部；

——自行车修理行；

——黑白铁修理服务；

——修鞋、擦鞋服务；

——磨刀服务；

——其他未列明的日用品修理服务。

不包括：

——照相机、钟表、自行车零售与维修一体的门市部，列入 65（零售业）的相应行业类别中。

832 清洁服务

指对建筑物、办公用品、家庭用品的清洗和消毒服务。包括专业公司的清洗服务和个人的清洗服务。

8321 建筑物清洁服务

指对建筑物内外墙、玻璃幕墙、地面、天花板及烟囱的清洗活动。

包括：

——建筑物玻璃幕墙的清洗；

——建筑物一般墙面的清洗；

——室内地面、墙面的清洗；

——建筑物烟囱的清洗；

——其他未列明的建筑物清洗服务。

8329 其他清洁服务

指专业清洗人员为企业的机器、办公设备的清洗活动，以及为居民的日用品、器具及设备的清洗活动。包括清扫、消毒等服务。

包括：

——机器和办公设备的清洗；

——锅炉烟囱的清扫；

——火车、汽车、飞机、船舶的专业清洗和消毒活动；

——地毯的清洗；

——厨房设备（抽油烟机等）的清洗；

——房屋的清扫、消毒；

——害虫（如白蚁、蟑螂等）的防治服务；

——灭鼠及预防；

——其他日用品的清洗。

不包括：

——生产企业内部的设备清洗，列入 C（制造业）相关的类别中；

——树木、植物的虫害防治，列入 0519（其他农业服务）、0520（林业服务业）；

——与城市绿化有关的树木害虫的防治，列入 8120（城市绿化管理）；

——卫生防疫站的活动，列入 8570（疾病预防控制及防疫活动）。

839 8390 其他未列明的服务

包括：

——其他未列明的服务活动。

参考文献

［1］戴斌. 中国国有饭店的战略转型：目标与模式［J］. 中国社会科学院研究生院，2004 年博士论文.

［2］沈涵. 中国经济型酒店研究：动态视角下的机构演进［J］. 中国社会科学院研究生院，2006 年博士论文.

［3］张广瑞等. 2004~2006 年：中国旅游发展分析与预测［M］. 社会科学文献出版社，2006.

［4］苍英美. 我国旅游饭店业现存问题及对策分析［J］. 今日科苑，2008（22）.

［5］唐超. 我国社会旅馆业发展策略研究［J］. 技术经济，2005（5）.

［6］唐岭. 我国小型旅馆业发展现状与对策［J］. 华东经济管理，2006，20（3）.

［7］费寅. 中国饭店业的现状分析与未来发展趋势［J］. 无锡商业职业技术学院学报，2004（6）.

［8］沈涵. 中国经济型酒店的历史发展与未来趋势［A］. 转载自张广瑞等. 2004~2006 年中国旅游发展：分析与预测［C］. 社会科学文献出版社，2006.

［9］孔海燕，宋海岩. 中国饭店业 30 年——海内外文献回顾与比较［J］. 旅游学刊，2008（6）.

［10］曲秀梅. 我国旅游饭店集团化发展的策略研究［D］. 东北师范大学，2006 年硕士论文.

[11] 张亚辉. 上海高星级饭店空间分布结构与经营绩效研究 [J]. 华东师范大学，2008 年硕士论文.

[12] 汪勤. 中国旅游饭店的社会责任探讨——内容、现状及提升对策 [J]. 华中师范大学，2008 年硕士论文.

[13] 颜菊阳. 经济型酒店接管社会旅馆悠着点 [Z]. 中国商报，2007-06-22（2）.

[14] 赵焕焱. 中国酒店市场 2008 年回顾 [N]. 中国旅游报，2008-12-31.

[15] 中国经济酒店网，http://www.inn.net.cn/.

[16] 华美酒店顾问机构，http://www.hotelsolution.cn/.

[17] 朱军. 全球反商业欺诈报告 [J]. 检查风云，2008（7）.

[18] 苏盾. 中国传统诚信观与当代市场经济 [M]. 北京：中国社会科学出版社，2006.

[19] Hal Varian. Microeconomic Analysis [M]. Michigan，1992.

[20] 张维迎. 博弈论与信息经济学 [M]. 上海：上海人民出版社，1996.

[21] 埃瑞克·弗鲁博顿，鲁道夫·芮切特. 新制度经济学：一个交易费用分析范式 [M]. 姜建强，罗长远译，上海：上海三联书店，上海人民出版社，2006.

[22] Jairo J. Parada，Original Institutional Economics and New Institutional Economics：Revisiting the Bridges（Or the Divide），Oeconomicus，Volume VI，Fall 2002.

[23] 道格拉斯·C. 诺斯. 制度、制度变迁与经济绩效 [M]. 上海：上海三联书店，1994.

[24] 郭毅，侯丽敏，詹志俊. 营销渠道中的制度环境 [J]. 广东商学院学报，2007（1）.

[25] 谢识予. 假冒伪劣现象的经济学分析 [J]. 经济研究，1988（2）.

[26] 弗朗西斯·福山. 社会美德与创造繁荣 [M]. 海口：海南出

版社，2001.

[27] 郭冬乐，宋则. 通向公平竞争之路——中国转轨期间市场秩序研究 [M]. 北京：社会科学文献出版社，2001.

[28] 张其仔. 新经济社会学 [M]. 北京：中国社会科学出版社，2001.

[29] 夏兴园. "地下经济"三论 [J]. 经济学家，1997（5）.

[30] 宋小川. 入世后信息经济学在我国的应用 [J]. 经济学动态，2002（3）.

[31] 于祖尧. 转型期暴富群体的政治经济学分析 [J]. 经济研究，1998（2）.

[32] 臧跃茹. 关于打破地方市场分割问题的研究 [J]. 改革，2000（6）.

[33] 美容美发行业开拓有序发展之路 [J]. 中国商人，2010（6）.

[34] 李睿超. 佛山市摄影业的发展现状分析与对策研究 [D]. 吉林大学，2008（12）.

[35] 李艳梅. 我国家政服务业的现状分析与规范化建设 [J]. 社会科学家，2008（7）.

[36] 姜增伟副部长在促进家政服务业发展工作会议上的讲话，2009-9。

[37] 黄进. 家政服务业的"非正规性"与发展策略 [J]. 社会科学研究，2004（5）.

[38] 国家统计局系列报告之五. 人口总量适度增长结构明显改善，国家统计局网站，2009，9.

[39] 国家统计局. 中国统计年鉴 [Z]. 北京：中国统计出版社，2006~2008.

[40] 国务院关于加快发展服务业的若干意见（国发 [2007] 7 号）[Z]. 2007.

[41] 王蓉，尹海萍. 北京市再生资源产业发展实证研究 [J]. 中国农业大学学报，2009（1）.

［42］程会强. 发展循环经济，推进我国再生资源产业发展［J］. 求实，2006（3）.

［43］中国再生资源利用协会. 发展循环经济的六大抓手［J］. 中国再生资源利用协会网，2010-2-9.

［44］沈乐. 城市再生资源回收利用体系示范区的建设问题［J］. 科学技术与工程，2004（9）.

［45］赖阳. 再生资源回收体系产业化的思考［J］. 市场营销导刊，2007（5）.

［46］商务部研究院李永江，路红艳. 人像摄影业发展趋势分析［R］. 2007-11-21.

［47］深圳市消费者委员会. 摄影业存在五大弊端［N］. 深圳消费者协会网站，2010-8-24.

［48］"吃"是最大的民生北京为大众化餐饮定新标［N］. 北京商报，2010-7-6.

［49］商务部. 全国餐饮业发展规划纲要（2009~2013）［R］. 2009.

［50］冯静. 对北京市饮食、修理业情况调查［J］. 商业时代，1987（7）.

［51］混乱修理业，该修理了［N］. http://www.jxnews.com.cn 大江网—江西日报，2009-05-21.

［52］宫振梅. 金融危机下美国修理业生意红火［N］. 文汇报，2009-3-3.

［53］徐俊明. "汽车下乡"将推动农村汽车修理业大发展［J］. 汽车维修，2009 年第 9 期.

［54］包向前，马东会. 西部地区汽车修理业的规模化发展探讨［J］. 汽车维护与修理，2005（3）.

［55］小春. 美国汽车修理业面面观［J］. 汽车维修，1999（11）.

［56］李诚宽. "移动化"售后服务维修［J］. 中国自动识别技术，2009（12）.

[57] 商务部研究院李永江，路红艳.家电维修服务业发展现状[R].2008-06-10.

[58] 千亿级家电服务真的成为全新的产业了吗？[N].http://www.cheaa.com 中国家电网-中国企业报，2011-03-20.

[59] 2010年大中型批发零售和住宿餐饮企业统计年鉴[S].国家统计局，2011.

[60] 商务部.沐浴业术语[S].SB/T10565.2011-6-1.

[61] 商务部.沐浴业态分类[S].SB/T10566.2011-6-1.

[62] 商务部等.关于规范发展拆船业的若干意见[S].2009-12-3.

[63] 商务部.摄影业服务规范第3部分：照片输出管理规范[S].SB/T10438.3-2009，2010-3-1.

[64] 商务部.沐浴企业等级划分技术要求[S].SB/T10532-2009，2010-3-1.

[65] 商务部.饭店信息化设施条件与规范[S].SB/T10522-2009，2009-12-1.

[66] 商务部.SPA经营技术规范[S].SB/T10509-2008，2009-8-1.

[67] 商务部.摄影业服务规范第2部分：摄像服务规范[S].SB/T10438.2-2008，2009-8-1.

[68] 商务部.摄影业服务规范第4部分：摄影器材销售服务规范[S].SB/T10438.4-2008，2009-8-1.

[69] 商务部.餐饮企业经营规范[S].SB/T10426-2007，2007-12-1.

[70] 商务部.饭店业星级服务人员资格条件[S].SB/T10420-2007，2007-7-1.

[71] 商务部.农家乐经营服务规范[S].SB/T10421-2007，2007-7-1.

[72] 北京市商委，北京市总工会.北京市"家政服务工程"实

施细则 [S]. 2011-3-23.

[73] 商务部. 关于促进美容美发业规范发展的指导意见 [S]. 2010-11-30.

[74] 商务部. 关于进一步促进人像摄影业发展的指导意见 [S]. 2010-10-27.

[75] 商务部. 关于流通服务业节能减排的指导意见 [S]. 2010-10-15.

[76] 商务部. 关于规范发展沐浴业的指导意见 [S]. 2010-06-303.

[77] 商务部. 关于进一步推进再生资源回收行业发展的指导意见 [S]. 2010-06-7.

后　记

　　《中国生活服务业发展报告（2011）》是在我主持的商务部课题的基础上完成的。2010年我主持的商务部课题"完善我国生活服务业体系研究"，经过一年多的研究，形成了《完善我国生活服务业体系》的研究报告，在全国范围内首次系统总结了包括餐饮（含早点）业、住宿业、美容美发美体业、沐浴沐足业、家政服务业、再生资源业、洗染业、照相业、修理业等在内的我国生活服务业的基本概况，构建了餐饮与早点业等九大行业在内的我国生活服务业体系，对其作用、存在的问题和发展趋势进行了分析，并在此基础上提出了我国生活服务业发展的对策思路。评审组专家认为，该课题研究报告具备较强的创新性，其研究对我国生活服务业的发展、扩大内需、增加就业意义重大，为有关政府部门决策提供了重要依据。

　　课题结项后，我认真地对研究报告进行了修改，并在此基础上形成了《中国生活服务业发展报告（2011）》。其中，洪涛撰写了总报告、第一章、第四章、第八章、第九章，王凤宏撰写了第二章，王晶撰写了第三章，屈冠银撰写了第五章，沈乐撰写了第六章，付镜懿撰写了第七章。

　　本书得到荆林波教授、王成荣教授、龚晓菊副教授、吴国华博士、杨世伟副社长的大力支持，在此一并表示感谢。该书的出版得到了北京工商大学经济学院贸易经济特色专业的资助。

由于时间较紧，水平有限，书中可能存在许多不足之处，恳请专家、同行提出宝贵意见。

洪　涛

2011 年 9 月 27 日